Sir Peter Ustinov, russisch-französisch-deutsch-italienisch-äthiopischer Abstammung, wurde 1921 in London geboren. Er war Dramatiker, Regisseur, Schauspieler und Schriftsteller.
Als Schauspieler ist er unvergessen in Filmen wie «Spartacus», «Quo Vadis» und «Topkapi». Seine Paraderolle war Hercule Poirot in den Agatha-Christie-Verfilmungen.
Die Schriftstellerei jedoch war Ustinov nach eigenem Bekunden von allen «eroberten» Kunstgattungen die liebste.
Peter Ustinov war seit 1968 Sonderbotschafter des Kinderhilfswerks UNICEF und gründete die Peter Ustinov Stiftung, die u. a. Schulen in Afghanistan baut.
Im März 2004 starb er in Genf an Herzversagen.

Der Publizist Harald Wieser war «Spiegel»- und «Stern»-Reporter. Der Kritiker und Übersetzer Jürgen Ritte lehrt Literatur an der Sorbonne Nouvelle in Paris.

Sir Peter Ustinov   Nach Gesprächen mit
Harald Wieser und Jürgen Ritte

Achtung! **Vorurteile**

Rowohlt Taschenbuch Verlag

2. Auflage Februar 2005

Veröffentlicht im Rowohlt Taschenbuch Verlag,
Reinbek bei Hamburg, Januar 2005
Copyright © 2003 by Hoffmann und Campe Verlag, Hamburg
Umschlaggestaltung any.way, nach einem Entwurf von Büro
Hamburg / Anke Siebeneicher
(Foto: Mike Urwin)
Satz aus der Stempel Garamond PostScript, InDesign
bei Pinkuin Satz und Datentechnik, Berlin
Druck und Bindung Clausen & Bosse, Leck
Printed in Germany
ISBN 3 499 23928 0

Inhalt

Picasso, ein unerwünschter Maler! **13**   Stimmgabel **16**
Sir **20**   Die Mütze **22**   Das Apartment **24**
Kaugummi **25**   Galileo **27**   Der Insektenstich **28**
Keine Illusionen **30**   Sie Rüpel! **31**
Reisen bildet? **31**   7 Uhr 29 **33**   Doktor Dumm? **35**
Verlassen Sie das Lokal! **36**   Die Tür **37**   ! oder ? **38**

Staunen **39**   Väter, Söhne, Töchter **39**   Wilma
Rudolph und Lance Armstrong **41**   Multikulti **42**
Mein Großonkel und die moderne Kunst **44**
Schulzeit in England **46**   Ihre Papiere, bitte! **49**
Todesstrafe **51**   Wurzeln im zivilisierten
Benehmen **52**   Kompanie mit Carol Reed **56**
Über Dummheit (im Krieg) **58**

Montaigne und mein Plagiator Spinoza **60**
Das Recycling der Vorurteile **61**   Von der Ursuppe
bis zum Cyberspace: Tempo **65**   Moderne Zeiten **68**
Über die Menschen im nächsten Tal **73**
Vorurteile und «political correctness» **74**
Frau Ustinov in der Kaserne **76**   Sklavereien **77**
Gedankenpolizei **79**   Le Duc de Limonade
und Le Duc de Marmelade **81**
Mussolinis Helfer **84**   Über Christen **88**
Segeln **89**   Juden und Christen **90**

Vive le sport! **96**   Der Krieg – ein mörderischer
Sport? **99**   Der Witz und seine Beziehung

zum Vorurteil: Jüdische Witze **100**   Iren-Witze **102**
Nationale Stereotype **103**   Kopftücher oder Ich
bin Feminist **109**   Kamel und Nadelöhr:
Amerikanische Zustände **113**   Besuch im Oval
Office **117**   Die Schweiz **117**   Ein kroatischer
Shakespeare **123**   Begegnung mit Desmond Tutu **125**
Ein Blick auf Deutschland **127**   Über Bärte **130**
«Mein» Russland **131**   In China **132**
Indische Kühe **135**

Charlie Chaplins Schüchternheit **136**
Der einsame Peter Sellers **139**   Groucho Marx, zum
Beispiel **141**   Tanz mit Jayne Mansfield **142**
Nabokov was here **143**   Simenon, die Pfeife **146**
Der große Furtwängler **150**   Mit Eliette von
Karajan im Konzert **152**   Bruno Kreiskys
Frau Meier **153**   Indira Gandhis Leibwache **154**
Jimmy Carter, ein starker Mann **156**
Michail Gorbatschows Horizont **160**   Lob des
Irrtums **166**

Unser Hirn, ein Computer **168**   Zweifel oder
Perfektion? Die Rolle Descartes' **169**
Mozart und Schüler **171**   Wie perfekt sind Gott und
sein Schatten, der Teufel? **174**   Demokratie im
Himmel **176**   Der ungläubige Thomas: Ein
Selbstporträt **178**   I am perfec! **179**   Lob der
kleinen Korruption **180**

Vorurteil, Lüge, Propaganda **181**   Smoke **182**
Cuisine internationale **183**   Spaziergänge durch
Kunst und Musik **184**   Rockmusik **185**
Richard Wagner, meine Schlaftablette **186**   Schönberg

unter der Dusche **188**   Kunst und Diktatur **189**
Genies auf Befehl! **191**   Vorsicht! Kitsch **191**
Chagall, die Ziege **194**
Kunst und «political correctness» **194**

Die Hure **195**   Pornographie und Erotik **197**
Die Stimme **198**

In den Kerkern des Vorurteils: Auschwitz **200**
Kambodscha **201**   Pazifismus **202**
Einsteins Dilemma **203**   Tyrannenmord **204**

Das Jahrhundert des internationalen Rechts? **208**
Beruf Weltbürger **209**
«Denken Sie einfach!» **211**   Haben Kinder
Vorurteile? **211**   Kokain **214**   Staunen und
Erschrecken **216**   Toleranz oder
Der andere, das könntest du sein **218**   Hoffnung **219**
Achtung! **220**

Ein Vorurteil ist schwerer zu spalten als ein Atom
Albert Einstein

Ich bin wahrhaftig nicht Ihrer Meinung.
Aber ich werde mich bis zuletzt dafür schlagen,
dass Sie sie vertreten können
Voltaire

Was ist ein schlagenderer Beweis für den Wahnsinn,
als die Unfähigkeit zu zweifeln?

Peter Ustinov

Picasso, ein unerwünschter Maler!

Am Anfang des 21. Jahrhunderts leben wir wieder im Zeitalter der Renaissance. Nicht in der Renaissance der Künste, sondern der Vorurteile, der arroganten Meinung über Menschen anderer Kulturen, die erneut zu Kriegen führt. Ich traute meinen Augen nicht, als ich im Februar 2003 die Zeitung aufschlug. Die kurze Meldung, die ich kopfschüttelnd las, berichtete von der Verhüllung eines Picasso-Gemäldes in New York. Nicht irgendeines Picasso, sondern seines Bildes «Guernica», das er unter dem Eindruck des entsetzlichen Bombardements der kleinen spanischen Stadt Guernica durch die «Legion Condor» gemalt hatte. Die Legion Condor war bekanntlich ein Luftgeschwader der Nazis, das mit seiner tödlichen Fracht dem spanischen Faschistenführer Franco «zu Hilfe» kam: gegen das noch von den Republikanern regierte Guernica. Binnen Stunden mehr als 1600 Tote in der wehrlosen Zivilbevölkerung. Auf dem riesigen, acht Meter langen Schwarz-Weiß-Gemälde sind in der abstrakten, aber alles andere als abstrakt auf uns wirkenden Malerei Picassos die Folgen zu sehen: sterbende Männer und Frauen, flehende Kinder, in den Flammen versinkende Tiere. Als das in jeder Hinsicht große Bild auf der Pariser Weltausstellung 1937 im spanischen Pavillon erstmals der Öffentlichkeit gezeigt wurde, war Picasso anwesend. Nachdem die Nazis Paris drei Jahre später besetzt hatten, besuchte ein deutscher Offizier Picassos Atelier in der Rue des Grands-Augustins, wo eine kleinere Reproduktion von «Guernica» zwischen den Staffeleien stand. Der Besucher sprach den Maler an, und es kam zu diesem

Dialog: Der deutsche Soldat fragte: «Und das haben Sie gemacht?» – «Nein», antwortete Picasso, «Sie!»
Mehr als ein halbes Jahrhundert nach dieser denkwürdigen Begegnung in Paris betritt also in New York der US-amerikanische Außenminister Colin Powell das UNO-Gebäude, um in Begleitung des redlichen Waffeninspekteurs Dr. Hans Blix vor den Mikrofonen der internationalen Presse für den amerikanisch-britischen Krieg gegen den Irak zu werben. Im Foyer des UNO-Hauses hängt seit Jahren eine von Nelson Rockefeller gestiftete Tapisserie von Picassos «Guernica». Als Powell eintrifft, ist es von einem blauen Vorhang mit UN-Logos verhüllt. Denn die Schrecken, die das berühmteste Antikriegsbild des 20. Jahrhunderts beschwört, diese Schrecken würden im Krieg gegen den Irak zum Alltag gehören. Auch dieser Krieg, von der Propaganda der Angreifer zynisch als «chirurgisch sauber» angekündigt, würde Menschenleben in der Zivilbevölkerung kosten: sterbende Frauen und schreiende Kinder. Da konnte man sich kein Panorama leisten, das diese Wahrheit symbolisiert. Nichts sollte und durfte die Lüge stören.
Im Herbst des Jahres 2003 wissen wir, dass die Scham berechtigt war. Nichts von dem, was die amerikanisch-britische Allianz als Kriegsgrund ausgab, hat sich bewahrheitet: Der britische Premierminister Tony Blair musste schon früh zugeben, dass sein Geheimdienst sich auf ein vergilbtes Papier aus einem Studentenseminar berufen hatte, um die außenpolitische Gefährlichkeit des Irak zu «beweisen». Der amerikanische Präsident George W. Bush musste sich für eine brisante Redepassage entschuldigen, in welcher er «absurden Informationen» (Condoleezza Rice) seines Geheimdienstes CIA auf den Leim gegangen war. Dieser hatte die Lüge verbreitet, Saddam Hussein plane, Uran im Niger zu kaufen, um damit Atombomben zu bauen. Haben

die Dolmetscher des Präsidenten vielleicht Uran mit Urin verwechselt? Schließlich: Die biologischen und chemischen Massenvernichtungswaffen des Irak, deren Existenz von Bush und Blair Tag und Nacht als «überzeugendster» Kriegsgrund an die Wand gemalt wurde, sind auch Monate nach dem Ende des alliierten Bombardements weder in Bagdad noch sonst wo im Lande gefunden worden. Die einzige Trophäe, die den Angreifern in die Hände fiel, waren Raketen, die fünfzig Kilometer weiter fliegen konnten, als sie durften. Bis nach London oder Washington?
Der Krieg gegen den Irak wurde auf der Basis von Vorurteilen geführt. Und nicht die Kriegsparteien, sondern die Staats- und Regierungschefs, welche Bomben vermeiden wollten, standen aus amerikanischer Sicht am Pranger. Man vergegenwärtige sich diese Moral! Der Krieg wurde auf Basis von Vorurteilen geführt, die nicht nur nicht überprüft worden sind (Hans Blix und seine Waffeninspekteure durften ihre Untersuchungen nicht beenden), sondern die sich allesamt als falsch herausgestellt haben. Dafür wurden, versehentlich (!), Restaurants bombardiert oder Autos beschossen, in denen Familien mit ihren Kindern saßen. Aufgrund von Vermutungen im Tausende Kilometer entfernten Pentagon, dort, im Restaurant einer Seitenstraße von Bagdad, könne der Tyrann zu Abend speisen, aufgrund von reinen Vermutungen, die wir auch Vorurteile nennen dürfen, wurde das Leben einer irakischen Familie ausgelöscht.
Ich frage mich, wie schläft eigentlich ein George W. Bush? Wie schläft ein solcher Mann bei dem Gedanken, dass diese Kinder ohne seine Befehle noch leben würden. Schreckt er auf, quälen ihn Albträume? Oder ist sein christliches Gewissen derart Show, dass er diese Gedanken gar nicht kennt? Ich vermute es. Denn mir ist nicht eine einzige Ver-

lautbarung bekannt, mit welcher der US-Präsident neben den eigenen auch die Toten der Irakis bedauert hätte. Die toten amerikanischen Soldaten scheinen Business-Class-Tote, die Irakis Economy-Class-Tote zu sein.

So wie die US-Administration sich vor dem Kriegsverbrecher-Gerichtshof in Den Haag einen Freibrief für amerikanische Soldaten ausbittet, so beugt sie auch die Menschenrechtskonvention ganz nach Belieben. Welche Empörung wurde in Washington zu Recht laut, als die ersten amerikanischen Kriegsgefangenen der Presse vorgeführt wurden. Doch auch hier die Zweiklassenmoral. Denn als die Besatzer die beiden Söhne Saddam Husseins erschossen hatten, deren Unmenschlichkeit gegen die eigene Bevölkerung ich keineswegs bezweifle, da haben sie sogar ihre bis zur Unkenntlichkeit entstellten Gesichter öffentlich ausgestellt. Vielleicht malt eines Tages ein «Picasso» unserer Tage das Bombardement gegen die Irakis. Dann wünschte ich George W. Bush einen Dialog, wie er damals in Paris stattfand.

Stimmgabel

Ich habe dieses Buch mit der Nase geschrieben und werde gleich erzählen, wieso. Aber zuerst möchte ich mit einem Vorurteil aufräumen. Es könnte nämlich bei meinem Publikum der Verdacht aufkommen, ein Buch über Vorurteile sei eine akademische Veranstaltung, mit zwanzigtausend Fußnoten. Für akademische Veranstaltungen bin ich gänzlich ungeeignet, und Fußnoten interessieren mich nur, wenn der Arzt zur täglichen Inspektion meiner infolge eines Diabetes kranken Laufwerkzeuge ins Haus kommt. Ich habe eher eine Schnitzeljagd, eine Art Kriminalessay

im Sinn. Denn das Vorurteil ist ein Schurke, womöglich der größte Schurke in der Geschichte von uns Menschen. Meine Freunde haben mir zwei Fragen gestellt: Warum dieses Buch? Und was wirst du damit bewirken? Beantworten wir die zweite Frage zuerst: Ich weiß nicht genau, was ich bewirken werde. Ich komme mir vor wie einer dieser Promis bei amerikanischen Football-Spielen, welche die Ehre haben, zu Beginn des Matches das Lederei in die Luft zu werfen. Wenn es wieder runterfällt, schnappt es eine der Mannschaften auf, und ich sitze längst unter den Zuschauern und warte darauf, dass die mir sympathische gewinnt. Wohin das Lederei nun fliegt, in welche Hände es gerät, kann ich von meiner bequemen Loge aus nicht mehr beeinflussen – ebenso ist es bei diesem Buch.
Mit der Antwort auf die erste Frage bin ich bei der Nase. Anders als bei meinen Filmen hat mich zu diesem Buch niemand angestiftet oder eingeladen. Ich war vielmehr wie ein schlafender Jagdhund, in der Sonne liegend oder vor dem Kamin. Da roch ich plötzlich etwas und stand nervös auf. Vor meiner Nase lag ein saftiger Knochen, das Thema Vorurteile. Ich begann zu nagen, an dem Knochen zu reißen, mein Appetit wurde plötzlich so groß, dass ich andere Hunde, die in meine Nähe trotteten, eifersüchtig anknurrte. Da fiel mir ein: Wenn du deinen Knochen mit niemandem teilen möchtest, brauchst du darüber auch kein Buch zu schreiben. Wie aber schreibt ein Hund ein Buch? Ich verwandelte mich in einen Menschen zurück und wurde Schachspieler, denn ich wollte das Vorurteil schließlich matt setzen. Und zwar auf Deutsch. Ja, dieses Buch ist das erste von etwa zwanzig, das ich erstens mit der Nase und zweitens auf Deutsch verfasst habe. Doch ich neige zu Fehlern in der deutschen Disziplin. Manche trösten mich und sagen, meine Fehler seien charmant. Was aber nützt

der Charme bei einem Schachspiel, in dem Fehler tödlich sind? Also verpflichtete ich zwei Sekundanten, wie es auch richtige Schachspieler tun: Jürgen Ritte aus Paris und Harald Wieser aus Hamburg. Sie haben, des Deutschen einigermaßen mächtig, in wochenlangen Gesprächen meine Züge vorbereitet und mich auf Bauernfallen aufmerksam gemacht. Man könnte die beiden auch Hebammen nennen. Sie haben mein Kind entbunden, das sich nun unter dem Namen «Vorurteil» durch gut zweihundert Seiten balgt. Ich weiß, es ist eine Strafe für ein Kind, «Vorurteil» gerufen zu werden. Auf dem Spielplatz: «Vorurteil», das ist *mein* Sandeimerchen! In der Schule: «Vorurteil», fünf minus, bitte setzen! Auf dem Arbeitsamt: Sie heißen «Vorurteil» und wollen Politiker werden? Also bitte ich mein Kind um Entschuldigung. Es blieb leider keine andere Wahl.

Ich habe meinem Publikum Geschichten versprochen, in denen ich mich auf die Spur eines Gangsters begebe. Als ehemaliger Inspektor Hercule Poirot kenne ich mich in diesem Geschäft ein wenig aus. Nun bin ich von meiner Natur her ein friedlicher Mensch und alles andere als ein Polizist. Dennoch: Ich *fahnde* nach den Vorurteilen. Nur zeigen meine Steckbriefe sehr verschiedene Gesichter: Karikaturen und Schreckensgestalten. Über kleine Gaunereien und Kavaliersdelikte, die auf das Konto des Vorurteils gehen, amüsiere ich mich. Über die Kapitalverbrechen, die es anrichtet, schreibe ich in einem anderen Ton. Diesen Perspektivwechsel, der nicht nur einer in meinem Kopf, sondern auch in meinem Gemüt ist, möchte ich von Anfang an markieren: Das größte Verbrechen des Vorurteils ist Auschwitz.

Ein Brief von Heinrich von Kleist heißt: «Über die allmähliche Verfertigung der Gedanken beim Reden». Mit Kleist vergleicht sich keiner ungestraft, und da ich nicht bestraft werden will, vergleiche ich mich nicht. Doch auch ich habe meine Gedanken über das Vorurteil beim Reden verfasst, sehr allmählich. Man möge mir verzeihen, wenn sie darum manchmal auch wie ein Parlando klingen, bei dem getrost auch mal das Telefon läuten darf. Manchmal komponiert, manchmal improvisiert. Wie im normalen Leben. Strenge vertrüge mein Thema auch nicht. Denn das Vorurteil ist schon streng und grimmig genug. Seine Kritik sollte sich spielend alle Freiheiten nehmen. Ich stimme in diesem Buch also nur meine Instrumente zum Thema Vorurteile. Natürlich weiß ich, dass ich das Rad nicht neu erfinde. Sie müssen also keinen einschüchternden Wissensvorsprung des Autors erwarten. Ich bin nicht klüger als Sie. Und so liefere ich auch keine Vorurteilssymphonie ab, bei der jeder Ton der Weisheit letzter Schluss ist. In der Hoffnung, dass bald andere kommen und das Konzert vollenden und es eines Tages so etwas wie eine populäre Bibliothek der Vorurteile geben wird.

Da ich meine Gedanken über das Vorurteil mit Geschichten aus meinem Leben verknüpfe, lässt es sich nicht vermeiden, dass ich, allerdings selten, erzähle, was Leute, die mich ein wenig kennen, schon einmal gelesen oder gehört haben. Wie soll der Mensch das auch anders machen! Ich kann mir schließlich keinen anderen Vater erfinden, nur um originell zu sein. Doch ich habe mich bemüht, auch diese Anekdoten so zu erzählen, dass man nun durch sie etwas über Vorurteile erfährt. Wie einen Teppich habe ich die Geschichten noch einmal ausgeklopft. Und dabei neben dem vermeintlich alten Staub durchaus neuen herausgeprügelt. Wie etwa bei meiner Holland-Reise mit dem «netten» Charlie Chaplin.

Sir

Vermutlich pflegen die meisten Menschen das hübsche Vorurteil: Wenn die englische Königin einen ihrer Untertanen zum Sir ernennt, wie Sir Paul McCartney oder Sir Peter Ustinov (das bin ich!), dann gehe es dabei ungeheuer feierlich zu. Es geht auch irgendwie feierlich zu, aber erst ganz zum Schluss. Zuerst ging die Post ab: Ich gab im Londoner Haymarket-Theater eine One-Man-Show. Da kam während der Nachmittagsvorstellung ein Fahrradbote und händigte dem Pförtner einen Brief des Buckingham-Palastes an mich aus. Auf dem Umschlag stand: «On Her Majesty's Service – Most Secret.» Trotz dieser Geheimniskrämerei war der Pförtner sofort im Bilde: «Ich gratuliere! Wann ist es denn so weit?»

Noch bevor es so weit war, verwirrte mich Buckingham mit einem zweiten Brief – mit Fragen zum Ankreuzen: «I can kneel» oder «I cannot kneel». Ich kreuzte an: Ich kann knien, könne aber danach nicht wieder aufstehen. Wochen später wartete ich im Buckingham-Palast zwischen anderen Würdenträgern in spe auf einem Korridor, der sich von einer Kleiderkammer nicht sehr unterschied. Ich war 69 Jahre alt. Nach einer Weile kam ein noch älterer Herr auf mich zu, den ich für einen Hausmeister hielt, der seine Dienste im Kohlenkeller verrichtet. An seinem schmutzigen schwarzen Kittel fehlten zwei Knöpfe, in Brusthöhe waren Suppenflecken nicht zu übersehen: «Guten Abend», begrüßte er mich nicht sonderlich interessiert, «ich bin Ihr Page.» Ich kannte Pagen bis dahin nur aus Hotels, junge Leute noch vor dem Stimmbruch, mit blank geputzten Schuhen, goldenen Hosenstreifen und Kordeln an der Weste. Nun aber mürrische Gestalten. Die anderen Kandidaten wurden ebenfalls von Pagen versorgt. Ich hielt einen Merkzettel in

der Hand, der mich über die Hierarchie der bevorstehenden Heiligsprechungen aufklärte. Der niedrigste Grad war und ist: «Member of the British Empire» (MBE). Der nächsthöhere: «Officer of the British Empire» (OBE). Der dritte Grad: «Commander of the British Empire» (CBE). Der vierte und höchste Rang: Ritterschlag, Adelung, die Ernennung also zum Sir. Im Gewimmel der Kandidaten fiel mir auf, dass die Pagen zackig gestikulierten. Sie schwenkten ihre Arme nach links und nach rechts, so wie Polizisten es auf einer Verkehrskreuzung tun, an der die Ampel ausgefallen ist. Als wir alle auf dem Korridor waren, fragte mich mein Page bald im Kommandoton: «CBE?» – «Nein», gab ich ihm zu verstehen, «Adel! Sir!» Der Page: «Abteilung Adel, Abteilung Sir. Durch diese Tür!» Einen zweiten Pagen hörte ich im Gespräch mit einem anderen Aspiranten: «CBE?» – «Nein, MBE.» – «Only MBE. – Downstairs, I'm afraid.» – «Es tut mir Leid, die Treppe runter, bitte.»
Mir gingen so meine Gedanken durch den Kopf: Der deutsche Militarismus endete immer im Krieg, der englische Militarismus endet noch heute in Paraden. Das spürte ich auch hier: Wie Vieh wurden wir abgefertigt, je nach der Qualität unseres Fleisches. Zwar wurde ich als Sir wie ein ganz passabler Stier behandelt, aber dann verschwand auch ich in meinem Gehege, in dem der Ritter. Als es dann endlich so weit war und ich vor der Königin kniete, wunderte ich mich, wie klein Elizabeth II. ist. Viel kleiner, als sie auf Münzen oder Briefmarken wirkt. Auf meinen Knien rutschend, war ich ungefähr so groß wie sie und endlich einmal auf Augenhöhe mit Ihrer Majestät. Mit sichtlicher Anstrengung hob sie ein schweres Schwert und legte es auf meine rechte Schulter. Dann trat sie einen halben Schritt zurück, um es auf meine linke Schulter zu hieven. Dabei sah sie so verbissen aus wie ein Angler, der einen riesigen

Fisch am Köder hat. Ich machte mir Sorgen, dass sie von meiner rechten Schulter auf meine linke gelangt, ohne das verdammte Schwert zu heben.

Die Mütze

Fangen wir mit einer Geschichte aus der internationalen Bananenrepublik der Vorurteile an, die zu den Lieblingsanekdoten meiner französischen Frau Hélène gehört und von noch harmlosen Ärgernissen erzählt.
Ich spielte 1995 Theater in Chichester, einer in England berühmten Festspielbühne, und zwar mein ironisches Stück «Beethovens Zehnte». Die Proben dazu begannen in aller Herrgottsfrühe, ich musste ganz gegen meine liebe Gewohnheit bereits mit den Hähnen aus dem Bett. In der Mittagspause knurrte mein Magen. Ich dachte, nun sei es Zeit, in ein sehr gutes französisches Restaurant zu gehen. Noch vor 12 Uhr traf ich ein. Das Restaurant «Comme ça» war französisch bis zur Toilette, was für unsere Geschichte nicht ganz unwichtig ist: französischer Besitzer, französischer Küchenchef, französische Kellner, französische Garderobieren. «Kann ich um diese Zeit wohl schon etwas essen?», fragte ich den Ober. «Gern, wie wäre es mit dem ruhigen Tisch dort hinten in der Ecke, da sind Sie ungestört.» Ich genieße gerade den Aperitif, da betreten zwei Engländer nebst ihren Damen das Lokal. Ältere Herren im Blazer mit Goldknöpfen und diesem ganzen goldgestickten Kram auf den Brusttaschen, den ich aus der Entfernung glücklicherweise nicht lesen kann. Da die vier Herrschaften sich im Salon allein glauben, sprechen sie lauter als beim Essen üblich. Aus einem der Blazer trompetet es: «Dieses

akzeptable Restaurant leistet sich übrigens einen neuen Maître d'hôtel. Ich glaube, der Bursche ist ganz in Ordnung, aber er hat diese unangenehme Angewohnheit, den Damen zur Begrüßung die Hand zu küssen.» – «Oh, how awful!» – «Wie schrecklich», kreischt die eine der vornehmen Engländerinnen, und die andere, noch eine Oktave höher: «My God, oh God, how awful!» Nach einer Weile sah ich auf die Uhr, ich musste mich beeilen, die Proben riefen mich ins Theater zurück, sogar fürs Dessert war keine Muße mehr: «Monsieur, l'addition, s'il vous plaît!» – «Herr Ober, die Rechnung, bitte!» Dieser, sehr höflich: «Si vous voulez quelque chose encore, je vous l'apporte tout de suite.» – «Wenn Sie noch etwas wünschen, bringe ich es Ihnen sofort.» – «Nein, danke!» Ich entschuldigte mich mit der fortgeschrittenen Zeit: «Excusez-moi, Monsieur, mais il est trop tard.» – «Très bien, Monsieur, merci!», bedankte sich der Ober. So ging das respektvoll hin und her. Da passierte es: Als ich das Restaurant verlasse, sehen mich meine vier Landsleute zum ersten Mal. Obwohl sie nun etwas leiser spricht, beinahe tuschelt, höre ich eine der Britinnen hinter meinem Rücken sagen: «Oh, Gordon, that's Ustinov, isn't it! Why is he speaking French?» – «Das ist doch Ustinov. Warum spricht er französisch?»

Vom Briten im französischen Restaurant zu einem Briten im Fernsehen. Dieser Mann mit Sherlock-Holmes-Mütze, jenem karierten Schieber, der recht komisch in beide Richtungen absteht, wurde auf der Straße interviewt. Am Tag, als BMW Rolls-Royce geschluckt hatte: «Wie kommentieren Sie das Ergebnis, Sir?» – «It is a tragic day for us that Rolls-Royce is being sold to the huns.» – «Es ist ein trauriger Tag für uns, dass Rolls-Royce an die Hunnen verkauft worden ist.» – «But what shall I do, I can't change it?» – «Aber was soll ich machen? Ich kann es nicht ändern.» – «I will continue to favour my old Rolls-Royce.» – «Ich werde meinen alten Rolls auch in Zukunft fahren.» – «Warum?» – «Because I'm anti-German and anti-Nazi.» So hat er es ins Mikrophon und in die Kamera gesagt: «Weil ich antideutsch und Antinazi bin.» Unser Sherlock Holmes mit Mütze empfand den Verkauf der britischen Automarke an eine deutsche Firma so sehr als einen Tag der nationalen Schande, dass er gar nicht wusste, wo er mit seinen Vorurteilen anfangen sollte. Wenn der Interviewer ihn getadelt hätte – er hat ihn natürlich nicht getadelt – und ihm etwa mit dem zarten Hinweis in die Mütze gefahren wäre, dass er ein bisschen rassistisch sei, hätte der alte Brite die Kritik vermutlich empört zurückgewiesen: «Rassismus? Haben Sie nicht gehört, dass ich gegen die Nazis bin?»

Das Apartment

Im turbulenten Jahr 1968 spielte ich Theater in New York, ich glaube, es war der Erzbischof im Stück «Der unbekannte Soldat und seine Frau». Da meine Kinder noch klein waren, wollte ich nicht länger im Hotel wohnen, sondern bat meinen Agenten, ein größeres Apartment für uns zu suchen. Der Agent lief immer mit einem meiner Bücher unter dem Arm herum, bezeichnenderweise mit meinem Roman «Der Verlierer» («The Loser»). Ich fühlte mich geschmeichelt, bis ich erfuhr, dass er es nie gelesen hatte: «Ich führe Ihr Buch spazieren, damit die Vermieter mir glauben, dass Sie nicht nur Schauspieler sind. Denn Schauspieler und Marineoffiziere stehen hier im Verdacht, ständig die Frauen zu wechseln, Sexorgien zu veranstalten,

Tag und Nacht Sodom und Gomorrha. Selbst Lebensversicherungen schließt man mit ihnen nur zögernd ab. Wenn ich für einen wohnungsuchenden Schriftsteller auf der Pirsch bin, habe ich bessere Karten.» Der Trick funktionierte. Der Agent fand bald eine schöne Wohnung für uns. Doch am Tag darauf kam er mit hängendem Kopf in mein Hotel: Der Mietvertrag sei im letzten Moment geplatzt. «Warum?», wollte ich wissen. «Nein!», das könne er mir unmöglich sagen. – «Nun machen Sie mich aber neugierig. Bitte drucksen Sie nicht länger herum.» Nun, die Vermieterin sei eine betagte, allein stehende New Yorkerin gewesen und habe den Federhalter über dem Tintenfass schon in der Hand gehalten. Doch plötzlich sei die Dame zur Salzsäule erstarrt: «Ustinov», piepste sie, «was für ein Name! Warum haben Sie mir verschwiegen, dass der Mieter Jude ist? Er muss Jude sein mit diesem Namen.» – «Nein», fuhr ihr mein Agent in die Parade, «er ist kein Jude, er ist Russe.» – «Russe, das ist ja noch schlimmer!», murmelte sie und stellte den Füller ins Tintenfass zurück. So sahen der Antisemitismus und der Kalte Krieg aus – in einem Büro mitten im liberalen Manhattan.

Kaugummi

Vorurteile sind wie Marmorplatten, die unter sich ihre größten Rivalen, den Zweifel und die Wahrheit, begraben. Nehmen wir die Mythen um den Maler Vincent van Gogh. Auch sie sind ein vergleichsweise harmloses Beispiel, doch sie zeigen, dass ein Vorurteil wie Watte in den Ohren, wie ein Kaugummi auf der Zunge sein kann. Hundert Jahre also haben wir geglaubt, dass van Gogh irrsinnig war, sich das Ohr abgeschnitten hat, in bitterer Armut darbte und zu seinen Lebzeiten nur ein einziges Bild verkauft hat. Seit neuestem wissen wir, dass es nicht das Ohr, sondern nur das Ohrläppchen war. Vincent war auch nicht irrsinnig, sondern an einer seltenen Form der Epilepsie erkrankt. Er verfügte über genügend Geld für ein bescheidenes Leben und hat eine Reihe von Bildern verkauft.

Bis auf den heutigen Tag wird das Alte Testament mit der rachsüchtigen Maxime zitiert: «Auge um Auge, Zahn um Zahn.» Sie wird in Schulen unterrichtet und gehört weltweit zum selbstverständlichen Zitatenschatz. Sogar Priester sprechen sie gelegentlich von der Kanzel herab. Die Wahrheit ist: Von Moses oder Jesus ist der Satz nicht überliefert. Er ist weder im Alten noch im Neuen Testament zu finden, sondern beruht schlicht und ergreifend auf einem Übersetzungsfehler aus dem Hebräischen, der seinen zweifelhaften Triumphzug in viele Sprachen angetreten hat. Richtig müsste es heißen: «Auge für Auge, Zahn für Zahn.» Die Maxime fordert im Original also nicht das Opfer zur Rache, sondern den Täter zur Wiedergutmachung auf. Schon ist es mit dem Vorurteil vom rachsüchtigen Juden vorbei.

Man hat mir das Foto eines jungen Mädchens vorgelegt, dessen hübsches Gesicht unter der blonden Mähne mit Sommersprossen übersät war. Dann stellte man mir die Frage: Was glauben Sie, wie viele Sommersprossen sind das wohl? Was sollte ich antworten: 500, 1000, 5000? Es waren 3,46 Millionen. Ungläubig nahm ich die Antwort zur Kenntnis. Doch was ich noch immer nicht glauben, was ich mir beim besten Willen nicht vorstellen kann, ist tatsächlich wahr.

Galileo

Halten Sie mich bitte nicht für päpstlicher als den Papst, wenn ich auf der Auskunft bestehe, dass ich selbst keine Vorurteile habe, jedenfalls keine gegen andere Menschen. Ich besitze Fehler, Schwächen, irre mich. Mein einziges Vorurteil aber ist, keine Vorurteile zu haben. Ich riskiere diese kühne Behauptung, weil die Vorurteilslosigkeit nicht etwa mein Verdienst, sondern eine Mitgift meiner verrückten – heute würde man sagen: multikulturellen – Herkunft ist, auf die ich noch zu sprechen komme. Gleichwohl hat die Lust auf mein Thema biographische Gründe. Denn ich war mein Leben lang von Vorurteilen umgeben. Manchmal waren sie harmlos oder komisch oder beides. Aber es braucht nicht sehr viel, um etwas Harmloses giftig zu machen, zumal wenn es von einer ganzen Nation versprüht wird. Das kann wirklich sehr gefährlich werden, weil sich das Vorurteil dann in Stein verwandelt. Die Menschen denken dann nicht mehr, sondern akzeptieren als wahr, was sie selbst und ihre Vorfahren seit Ewigkeiten gedacht haben. Das gilt auch für große Institutionen, sogar die Kirche. Es ist für mich erstaunlich, dass eine so starke und eigenwillige Institution wie die katholische Kirche, und ich bin kein Katholik, nach einem langen Tiefschlaf plötzlich bereit war, ein besonders irrwitziges Vorurteil einzugestehen und das «mea culpa» über die eigene Vergangenheit auszusprechen. Wir sind beim «Ketzer» Galileo Galilei.
Ich habe fürs kanadische Fernsehen 1994 eine Doku-Spiel-Serie über die Geschichte des Vatikans gedreht. In einer Szene interviewe ich Galileo Galilei, der von Mario Adorf fabelhaft gespielt wird. Da sitzt nun Galileo im historischen Kostüm, und ich, modern gekleidet, plaudere mit ihm über seine damals wagemutige Erkenntnis, dass die Erde sich

um die Sonne dreht, die ihm 1633 eine peinliche Befragung vor der heiligen Inquisition einbrachte. Ich will ihm eine Freude machen und sage: «Vielleicht interessiert es Sie zu wissen, dass Sie von der Kirche soeben rehabilitiert, schuldlos gesprochen wurden.» – «Um Gottes willen», antwortet er mir, «so schnell. Dann bin ich ja wohl schon fünf, zehn Jahre tot.» – «Da sind Sie ein bisschen zu optimistisch», kläre ich ihn auf: «Ihr Freispruch fand vorgestern statt, und wir leben mittlerweile im letzten Jahrzehnt des 20. Jahrhunderts.» Ich hebe mein Champagnerglas: «Darf ich auf Ihre neu gewonnene Unschuld anstoßen?» – «Nein», bittet Galileo: «Ich würde gern auf die Sonne trinken.»

Der Insektenstich

Nach diesen ersten Anekdoten eine These, von der ich mir wünschte, dass sie mein Publikum während der Lektüre des ganzen Buches nachdenklich stimmt. Auf das ein bisschen wissenschaftlich klingende Wörtchen «These» komme ich vielleicht, weil ich zuletzt einen Film über Martin Luther abgedreht habe. Ich spiele den Kurfürsten Friedrich den Weisen, der junge Joseph Fiennes aus dem Film «Shakespeare in Love» ist als Martin Luther zu sehen; und Luther hat bekanntlich 95 Thesen an die Wittenberger Schlosskirche genagelt. Ich begnüge mich mit *einer*: Ich bin nämlich der Überzeugung und stelle sie zur Diskussion, dass bei der Infizierung mit nur einem Vorurteil das Tor für alle anderen geöffnet wird, dass schon beim kleinsten Insektenstich die ganze Krankheit ausbricht. Ich kenne niemanden, der nur ein Vorurteil gegen «fremde» Menschen hat und sich neben diesem einen kein anderes leistet. Sobald

die Immunabwehr, welche dem ersten Vorurteil rotes Licht zeigt, einmal geschwächt ist, wird sich die Ampel in unserem Kopf für weitere auf Grün umstellen.
Wenn ich einem italienischen Taxifahrer begegne, der mich übers Ohr haut, und dann die Meinung vertrete, alle italienischen Taxifahrer seien Schlawiner, dann werde ich auch schnell Vorurteile über Schwarze äußern. Wenn ich einen Araber treffe, ihn geringschätzig über Frauen reden höre und also folgere, alle Araber seien Frauenfeinde, werde ich mich bald auch über Brillenträger negativ äußern oder über Leute, die gelbe Pullover tragen. Vermutlich habe ich dann auch Ressentiments gegen Hans-Dietrich Genscher. Ich denke dann nicht mehr daran, dass der Mann mit dem gelben Pullover dieses verwegene Kleidungsstück vielleicht nur geliehen hat, weil sein blauer Pullover in der Reinigung war, sondern dass er selbstverständlich genauso ist wie der Mann mit dem gelben Pullover, der mir in meinem Feriendorf recht dreist die Vorfahrt nahm.
Damit sich keine Missverständnisse einschleichen: Gewisse Vorurteile hat jeder Mensch, sonst könnte er nicht einmal seine Koffer packen. Wenn sie nach Indien reisen, lassen sich viele Leute impfen, mitunter auch gegen Krankheiten, die dort gar nicht grassieren. Ein Polen-Reisender sichert vermutlich sein Auto, weil er gehört hat, er müsse sonst ungünstigenfalls mit der Bahn zurück. Wer Italien besucht, macht sich vielleicht mit einem Geldgürtel auf den Weg, weil ihn selbst manche Reisebüros vor notorischen Langfingern auf der Vespa warnen. Mit diesen Vorurteilen zu reisen ist nicht verwerflich. Wenn ich, ja, wenn ich – und genau das ist der springende Punkt – bereit bin, sie zu revidieren.

Keine Illusionen

Glaube ich ernsthaft daran, dass es eines fernen Tages eine Welt ganz ohne Vorurteile geben wird? Nein, diese Illusion hege ich nicht. Dann wäre ich wohl naiv, und man würde zu Recht über mich sagen: «He has lost his marbles.» Zu Deutsch: «Er hat nicht alle Tassen im Schrank.» Das Klima für das Vorurteil ist der Klatsch, unfeiner ausgedrückt: die üble Nachrede. Die üble Nachrede bedaure ich, denn sie kann Menschen zu Lebzeiten töten, sogar in den Selbstmord treiben. Der Klatsch, wenn er andere Menschen nur auf die Schippe nimmt, gehört wohl zu unserem Unterhaltungsbedürfnis. Ich selbst habe mich auch schon daran beteiligt. Nur klatsche ich selten über Lebende, ich klatsche über Tote. Ich drehe den Spieß also um: Ich klatsche wider das berühmte lateinische Sprichwort, das den Spott über Tote verbietet: «De mortuis nil nisi bene» – «Über die Toten sollst du nur wohlwollend sprechen». Wie könnte ich das bei Adolf Eichmann tun?!

Nein, eine Welt ohne Vorurteile würde der Aufklärung den Garaus machen. Wer wollte das wünschen? Sie ist doch das Beste, was wir haben. Und wenn ich einmal tot bin und Leute über mich klatschen, also kleine Vorurteile in die Welt setzen, haben sie schon jetzt meine Absolution. Ich drehe mich dann keineswegs im Grabe um, ich verspreche Ihnen, ich bleibe ruhig liegen. Dennoch: Obwohl ich mir keine Welt wünsche, in der niemand mehr Fehler macht und jeder mit offener Brust herumläuft (eine schrecklich langweilige Utopie!), bleibe ich bei meiner These vom Insektenstich. Es ist nämlich ganz einfach: Jeder und jede kann sich zur Regel machen, nur solche Ansichten zu akzeptieren, die er oder sie durch eigene Erfahrung überprüft hat. Was ist schon verlockend daran, ungeprüfte Gerüchte zu übernehmen und an die Kinder weiterzugeben. Man sollte sich vor dem ersten Insektenstich also in Acht nehmen. Wir vertreiben, so gut wir können, schließlich auch die Mücken.

Sie Rüpel!

Kennen Sie die Geschichte des Mannes ohne Hammer, der an einem Sonntagnachmittag ein Bild aufhängen will? Sie ist in dem Büchlein «Anleitung zum Unglücklichsein» versteckt. Unser Mann beschließt also, den Hammer beim Nachbarn auszuborgen: «Doch da kommt ihm ein Zweifel: Was, wenn der Nachbar mir den Hammer nicht leihen will? Gestern schon grüßte er mich nur so flüchtig ... Wenn jemand von mir ein Werkzeug borgen wollte, ich gäbe es ihm sofort. Und warum er nicht? ... Leute wie dieser Kerl vergiften einem das Leben. Und dann bildet er sich noch ein, ich sei auf ihn angewiesen. Bloß, weil er einen Hammer hat. Jetzt reicht's mir wirklich. – Und so stürmt er hinüber, läutet, der Nachbar öffnet, doch bevor er guten Tag sagen kann, schreit ihn unser Mann an: ‹Behalten Sie Ihren Hammer, Sie Rüpel.›»

Reisen bildet?

Eigentlich sollten Schauspieler, ich meine solche, die ihren Beruf nicht nur eitel, sondern mit Talent ausüben, auch im privaten Leben gegen Vorurteile besonders gewappnet sein. Denn sie müssen ständig in neue Rollen schlüpfen und ihre

Figuren auch dann verstehen, wenn sie ihnen nicht sympathisch sind. Wer mag schon Shakespeares verschlagenen König Heinrich IV. oder den Serienmörder aus dem Kinothriller? Halt, ruft jemand energisch dazwischen. Haben Sie Ihren Kollegen Charlton Heston vergessen? Der Mann hat mal einen glaubwürdigen Ben Hur und einen empfindsamen Michelangelo verkörpert, zwei von der Macht drangsalierte Menschen, und tritt auf seine alten Tage für die so genannte Waffenfreiheit ein: «Jedem Amerikaner seine Flinte!» Ich gebe mich dem Zwischenrufer geschlagen, der übrigens mein zweites Ich sein könnte, das meinem ersten auch sonst ständig in die Parade fährt. Ich erinnere mich daran, dass ich von einem berühmten Schauspieler hörte, einem Weißen, der sich das Gesicht schwarz anmalen ließ, um den Othello zu spielen, und anderntags, sehr privat, in seiner Stammkneipe gegen «Neger» hetzte. Ja, es ist wahr: Jedes Klischee nährt das Vorurteil. Auch das freundliche, es nährt das positive Vorurteil.

Ein freundliches Vorurteil lautet: Reisen bildet. Auch dieses ist wohl leider ein Klischee. Es kommt ganz auf den Reisenden an. Dschingis Khan und Marco Polo sind beide weit und viel gereist. Der eine hat dabei seine Vorurteile aufs blutrünstigste zementiert. Der andere hat für unser waches Interesse an fremden Kulturen geworben. Immer wenn ich Spaghetti verzehre, danke ich Marco Polo und der Legende, dass er keine Vorurteile gegen die köstliche Nudel gehabt, ihr Kochrezept in China geklaut und nach Venedig geschmuggelt haben soll. Inzwischen habe ich mich belehren lassen, dass die Legende nicht stimmen kann, denn Marco Polo berichtete Ende des 13. Jahrhunderts zu einer Zeit über seine Reisen nach Ostasien, als die Italiener die Pasta schon kannten. Trotzdem stehe ich zu Marco Polo, der falschen Legende und der leckeren Nudel.

7 Uhr 29

Über die Deutschen wird gesagt, sie seien besonders fleißig und pünktlich. Ich weiß nicht, seit wann man über die Deutschen so denkt. Auf den ersten Blick spricht auch manches für dieses Vorurteil. Immerhin haben sie zwei Weltkriege angezettelt und verloren und standen schon nach wenigen Jahren wieder wie die Sieger da. Nach dem zweiten nannten wir dies das «Wirtschaftswunder». Es ist wirklich ein Wunder, dass eine Nation, die nach Katastrophen am Boden lag, sich so schnell wieder erholt hat und von den Siegern regelrecht beneidet wurde. Der Fleiß und die Pünktlichkeit gehören zum gesicherten Charakterbild der Deutschen. Da gibt es beispielsweise den Roman des im 19. und frühen 20. Jahrhundert berühmten Gustav Freytag. Er heißt «Soll und Haben», und das Motto dieses Romans geht auf Freytags Mitarbeiter Julian Schmidt zurück und lautet: «Der Roman soll das deutsche Volk da suchen, wo es in seiner Tüchtigkeit zu finden ist, nämlich bei seiner Arbeit.» Diese Meinung über die Deutschen steht so felsenfest wie der Montblanc, und der ist bekanntlich kein deutscher, sondern ein französischer Berg. Oskar Lafontaine, der deutsche Sozialdemokrat, hat einst die Kehrseite des Bergs beleuchtet: Mit Fleiß und Pünktlichkeit, diesen angeblichen deutschen Tugenden, seien auch Konzentrationslager errichtet worden. Damit lag er leider richtig. Nicht redlich war allerdings, dass er diese traurige Wahrheit an die Adresse meines Freundes Helmut Schmidt ausgesprochen hat.

Doch die Sache mit den bis zur Humorlosigkeit pflichtversessenen Deutschen stimmt gar nicht. Ich habe nämlich die Erfahrung gemacht, dass die Franzosen strebsamer sind als die Deutschen. Die Mahnung zum Fleiß, ob wir sie nun übertrieben finden oder nicht, beginnt schon in den französischen Ganztagsschulen und setzt sich an Elite-Hochschulen fort, an denen – verglichen mit vielen deutschen Universitäten – doch ein laues Lüftchen weht. Nur nimmt diese Verwandlung der nationalen Gepflogenheiten kaum jemand gebührend zur Kenntnis. Ganz gegen die Realität pflegen wir das Vorurteil der Franzosen als eines Völkchens des Savoir-vivre und das der Deutschen als einer arbeitswütigen Horde. Wer so redet, hat in Deutschland lange nicht mehr in einem Zug gesessen. Es hat Zeiten gegeben, da konnte man auf ihre pünktliche Ankunft Wetten abschließen. Ich kenne polnische oder griechische Freunde, die am Gleis deutscher Bahnhöfe standen und ihren Augen nicht trauten. Sie waren aus ihrer Heimat stundenlange Verspätungen gewöhnt und sahen in Hamburg oder München Fernzüge auf die Sekunde genau ankommen. Inzwischen fühlen sie sich auf deutschen Bahnhöfen wie zu Hause und werden mir zustimmen, wenn ich mit einem Augenzwinkern zum Besten gebe, dass das einstige Gütesiegel «Made in Germany», zumindest für die deutsche Eisenbahn, mit dem Gütesiegel «Made in Taiwan» zu konkurrieren beginnt.

Wer die sprichwörtliche Pünktlichkeit der Deutschen schätzt oder fürchtet, hat sich auch auf seinen Reisen nicht bilden lassen – oder war nie in Japan: In Osaka hatte ich einmal eine Rede zu halten, anstelle des erkrankten UNO-Hochkommissars für Flüchtlinge. Meine Frau Hélène begleitete mich. Als wir in Tokio ankamen, erhielten wir von unserem japanischen Delegierten einige Verhaltensregeln: «Sie müssen morgen früh um Punkt acht Uhr in der Hotelhalle sein. Das heißt: Sie müssen, wenn man die Entfernung vom Hotellift zum Ausgang betrachtet, um 7 Uhr 47 mit dem Lift in der Halle ankommen. Sie sollten, nein, Sie müssen also um 7 Uhr 39 einsteigen. Der Weg von Ihrem Zimmer im sechzehnten Stock zum Lift ist sehr lang. Sie verlassen Ihr Zimmer also um 7 Uhr 29. Wir werden Sie daher um 7 Uhr 24 anrufen, um Ihnen mitzuteilen, dass Ihnen noch fünf Minuten zur Verfügung stehen, besser: nur vier Minuten und 45 Sekunden.» Meine Frau, die wenig von dieser nach Japan ausgewanderten «preußischen» Pünktlichkeit hält, befand sich am Rande eines Nervenzusammenbruchs. «Davon können sich unsere deutschen Freunde eine Scheibe abschneiden», schmunzelte ich. Sie erschrak und flehte: «Nein, bitte nicht!»

Doktor Dumm?

Wenn der Rivale des Vorurteils der Zweifel ist, dann ist sein Komplize die Bequemlichkeit, im Bündnis mit der Rechthaberei. Wer Ausländer verteufelt oder Frauen diskriminiert, tut dies meist in der Pose des lauten, starken, denkfaulen Mannes. Doch unser Stammtischheld ist nicht einmal halbstark. Ist er immer dumm? Ist das Vorurteil auch ein Komplize der Dummheit? Wenn ich mir manche Nachmittagsshows gewisser Fernsehanstalten ansehe, in denen Töchter auf ihre Mütter einbrüllen und umgekehrt und sich derart obszön beleidigen, dass jeder Respekt verloren geht, dann habe ich diesen Eindruck. Es spricht also vieles dafür, dass in einem leeren Kopf die Vorurteile besonders blühen.
Doktor Goebbels, der hinkende Propagandaminister des «Führers», aber war alles andere als dumm. Er war ein sehr intelligenter Verbrecher, der seine Vorurteile mit Verstand und sehr kalkuliert unters Volk gestreut hat. Pol Pot, der

in Kambodscha über eine Million seiner Landsleute abschlachten ließ, hatte als junger Mann in Paris erfolglos Elektrotechnik studiert und eine theoretische Arbeit über die «Abschaffung des Geldes» verfasst. Zurück in der Heimat exekutierte er sie praktisch: Es genügte, ein Bauer mit einem Häufchen Elend von eigenem Land, also ein bisschen Geld zu sein, um den Schlächtern des Pol Pot zum Opfer zu fallen. Oder es reichte, eine Brille zu tragen, das angebliche Erkennungszeichen des regimekritischen Intellektuellen. Schon war es mit dem Leben vorbei. Das Vorurteil ging in seiner furchtbarsten Maske, als Henker, übers Land.

Verlassen Sie das Lokal!

Ob ich nun diese wahre Geschichte in allen Nuancen getreu wiedergebe, weiß ich nicht. Denn ich kenne sie nur vom Hörensagen. Aber für eines kann ich mich verbürgen: In ihrem Kern stimmt sie aufs Haar. Ein norwegischer Journalist reiste für ein deutsches TV-Magazin im Sommer 2002 nach Little Rock in Arkansas, dem Gouverneurssitz des späteren US-Präsidenten Bill Clinton. Nach getaner Arbeit kehrte die dreiköpfige TV-Crew am späten Abend in einer Kneipe ein. Sie bestellten Bier und sprachen über Gott und die Welt. Irgendwann landeten sie bei der Klimakatastrophe. Nicht eifernd, eher lapidar, wie man in einer Kneipe über die weltweite Erderwärmung so redet. Es ließ sich also nicht vermeiden, dass aus dem Munde des norwegischen Journalisten das Wort «global warming» neben den Bierdeckel fiel. Im Nu erstarb an den übrigen Kneipentischen das Gespräch. Es wurde mucksmäuschenstill. Die

Journalisten konnten sich weder die plötzliche Friedhofsruhe noch die finsteren Gesichter der einheimischen Kneipengäste erklären. Was hatten sie falsch gemacht, womit zogen sie die eisige Ablehnung auf sich?

Da wankte ein dicker Herr im Khakihemd vom Nebentisch heran, baute sich vor den Journalisten auf und knurrte: «Are you liberal? There is no global warming.» – «Seid ihr Liberale? Es gibt keine Erderwärmung.» Und der Wirt gab vom Tresen aus zu verstehen: «Leave the saloon!» – «Verlassen Sie das Lokal!»

Der Norweger und seine konsternierten Freunde hatten sich in den Augen der Stammgäste vermutlich als «Kommunisten» geoutet. Dabei hatte keiner dieser Nachfahren des alten Kommunistenjägers Senator McCarthy genau verstehen können, in welcher Weise die fremden Filmleute über das «global warming» palavert hatten. Theoretisch konnten sie auch die Meinung vertreten haben, dass das Gerede von der Erderwärmung Hysterie und Panikmache sei. Das hätte ihnen nichts genützt. Es reichte, dass sie das aussätzige Wort in den Mund genommen hatten.

Die Tür

Ich zeichne gern, während ich spreche. So nehmen die meisten meiner Gesprächspartner, wenn sie mögen, eine Zeichnung von sich mit. Sehr subjektive Bleistiftphantasien, wie sie bei Gericht entstehen. Würde ich gebeten, das Vorurteil zu malen, brächte ich eine verschlossene Tür aufs Papier. Denn Vorurteile sind vernagelte Türen zu Zimmern, in die kein frisches Lüftchen dringt und in denen vermutlich alles mit Spinnweben überzogen ist. Nun sollte man meinen, dass jeder vernünftige Mensch, der ein solches Zimmer betritt, auf der Stelle die Fenster aufreißt. Aber manche Leute bemerken die stickige Atmosphäre gar nicht. Oft eine Ewigkeit lang nicht. Das kann selbst einen heiteren Knaben wie mich manchmal zornig aussehen lassen. Aus diesem Grunde haben wir für das Titelbild dieses Buches ein Foto gewählt, auf dem ich, symbolisch, eine Tür auftrete: die Tür, hinter der sich die Vorurteile verbarrikadieren. Mike Urwin, ein britischer Fotograf, hat es zufällig aufgenommen: in Durham, an der Universität, deren Kanzler ich bin.

! oder ?

Die Menschen mit hartgesottenen Vorurteilen vertreten diese häufig wie die Kreuzritter: mit Schaum vor dem Mund und mit Hass. Wer sich gegen das Vorurteil engagiert, sollte sich hüten, das in der gleichen Manier zu tun. Dann würde die eine Rechthaberei nur durch eine andere ersetzt, dann würden sich wohlwollende und human gesinnte Geister ihrerseits in Jakobiner verwandeln und Köpfe rollen lassen. Vielleicht sollten wir es darum mit Lessing halten, der seiner Minna von Barnhelm einen wunderbaren Satz in den Mund gelegt hat: «Das Lachen erhält uns vernünftiger als der Verdruss.» Damit wurde ein Bild von der Aufklärung in die Welt gesetzt, das ihr alle Zornesröte nimmt: die Vernunft nicht als Schwester des autoritären Eifers, sondern der antiautoritären Heiterkeit. Mir kommen die Menschen mit lauten Vorurteilen wie lebende Ausrufezeichen vor. Wir sollten der Welt und ihren Kulturen lieber neugierig, als lebende Fragezeichen begegnen.

Staunen

Alt ist ein Mensch nicht, wenn es an seinem Körper zu zwicken beginnt, nicht, wenn das Treppensteigen schwerer fällt, nicht, wenn die Augen nicht mehr so recht wollen, nicht, wenn sein Haar ergraut. Alt ist ein Mensch, wenn er aufhört zu staunen oder es überhaupt nie gelernt hat, wenn also seine Phantasie ergraut. Wenn ein Neunzigjähriger vor der Hagia Sophia, vor den Pyramiden oder nur vor einem Neugeborenen steht und staunt, ist er ein junger Mann, eine junge Frau. Bedauerlicherweise bin ich schon Dreißigjährigen begegnet, die alles bereits zu kennen schienen und ohne die geringste Begeisterung registrierten. Sie hätten sich wohl geschämt, sie zu zeigen, wären sich kindlich vorgekommen. Sie mögen auch im Winter braun gebrannt, kerngesund und bravouröse Surfer sein. Aber hinter dieser Fassade, befürchte ich, sind sie uralte Leute, Greise im Kopf.

Väter, Söhne, Töchter

Es gibt fünfundzwanzigjährige Söhne, deren Väter sehr stolz auf sie sind, weil sie in ihren Schuhen durch die Welt gehen. Diese Väter haben etwas verlangt, was sie nicht verlangen dürfen. Der Junge war gehorsam, um seinem Vater ein Vergnügen zu bereiten. Ein Vater, der auf seinen Sohn oder seine Tochter stolz ist, weil sie seinen Lebensweg kopieren, der hat etwas falsch gemacht. Der Sohn ist ebenfalls stolz, weil er alles richtig gemacht zu haben glaubt. Dabei hat er seine ganze Jugend versäumt. Im so genannten Business geschieht das oft, wenn der Vater prahlt: Mein Sohn hat meine Praxis übernommen. Besonders bei Ärzten, bei Anwälten, bei Unternehmern findet man diese «Karrieren». Ich zitiere gern das Beispiel der beiden US-Präsidenten Bush. Der jetzige Präsident hat den Glauben seines Vaters geerbt. Und er findet das ganz selbstverständlich, denn wahrscheinlich hat der Urgroßvater, der komischerweise nicht Präsident war, schon genauso gedacht und lächelt jetzt unter der Erde, weil seine beiden Nachfolger es gut gemacht haben und seine Vorurteile perfekt weiterpflegen. Ob ich selber ein Exemplar meiner großen Familie bin, das noch einmal vorkommt? Wer weiß? Igor, mein Sohn, ein Bildhauer, der in Paris wohnt, hat komischerweise von Natur aus eine sehr ähnliche Art, sich auszudrücken. Er liebt scharfe Ironie, aber er ist viel praktischer als ich. Meine Töchter? Andrea, die Jüngste, lebt in Spanien, Pavla in Amerika, Tamara in London. Sie ist meine Älteste und sehr klug. Sie hat ein Oxford-Doktorat und ist Expertin für mittelalterliche englische Literatur. Die in den USA lebende dreht Fernsehfilme. Und die Kleine in Spanien? Sie war Goldschmiedin, übt ihren Beruf aber nicht mehr aus. Nur selten kommt es vor, dass sich alle an einem Ort aufhalten und mich darüber hinaus auch noch zusammen anrufen. Aber am 30. August 2003 taten sie es. Ich saß gerade auf der Bühne der Kieler Ostseehalle vor etwa 2500 Zuschauern des Schleswig-Holstein-Festivals – mit Mikrophonen verkabelt –, als sich mein Handy meldet: «One, two, three, four; one, two, three, four» – so das Klingelzeichen, das mein Sohn einprogrammiert hat. Ich ziehe es endlich aus irgendeiner Jackentasche: «Ja, bitte.» – «Vater, wir sind es, stell dir vor, wir sind alle drei auf Mallorca und wollten dich mit einem kleinen Anruf erfreuen.» Ich sage: «Oh, das ist sehr nett, nur …» – «Hörst du Radio? Da läuft ja so schöne Musik im Hintergrund.» – «Nein, ihr Lieben, ich höre Christoph Eschenbach und das NDR-Sinfonieorchester, und zwar live. Gleich bin ich an der Reihe und werde den ‹Karneval der Tiere› vortragen.» – «Also, da rufen wir dich alle Jubeljahre mal gemeinsam an, und du hast keine Zeit.» – «Ja, ich muss wirklich auflegen, die Leute im Saal fangen schon an zu lachen.» Obwohl oder weil ich mit meinen Töchtern französisch gesprochen hatte, haben die meisten wohl gelacht, weil sie glaubten, das Handy gehöre zu meiner Performance. Nur Christoph Eschenbach und die Orchestermitglieder lachten nicht.

Wilma Rudolph und Lance Armstrong

Faszinierend sind die paradoxen Karrieren wie die der amerikanischen Wunderläuferin Wilma Rudolph. Sie gewann in Rom bei den Olympischen Spielen 1960 die Leichtathletik-Goldmedaillen über 100 und 200 Meter. Diese junge Frau, das zwanzigste von zweiundzwanzig Kindern schwarzer Eltern in St. Bethlehem (Tennessee), konnte bis zu ihrem elften Lebensjahr nicht ohne Krücken gehen. Die bettelarme Familie litt unter der Rassendiskriminierung, die auch vor den Krankenhäusern nicht Halt machte. Keiner hatte gedacht, dass Wilma gesunden würde, aber mit zwanzig war sie die schnellste Frau der Welt, die «schwarze Gazelle» wurde sie genannt. Wir kennen also beides: einen guten Start und dann die Lebenskrise oder einen schlechten Start ins spätere Glück. Auch der große Radsportler Lance Armstrong hatte ein außergewöhnliches Schicksal. Er war schwer an Krebs erkrankt, die Metastasen hatten bereits seinen Kopf angegriffen. Mancher hätte sich da geschlagen gegeben. Lance Armstrong nicht. Er besiegte zunächst den

Krebs, dann die Radsportelite der Welt. Seit 1999 hat er fünfmal das bedeutendste und härteste Radrennen der Welt gewonnen, die Tour de France.

Multikulti

Meine Herkunft ist eigentlich ein Ding der Unmöglichkeit. Ich habe russisches, deutsches, spanisches, polnisches, italienisches, französisches und äthiopisches Blut in meinen Adern. Und ich habe erst mit über achtzig Jahren herausgefunden, dass auch jüdisches zu meinem Cocktail gehört. Ich sagte bereits, dass es keine bessere Apotheke gegen Vorurteile gibt als eine solch absurde Herkunft. In meiner Autobiographie «Ich und Ich» habe ich sie, so prägnant, wie ich konnte, schon einmal Revue passieren lassen. Mit zwei Ungenauigkeiten, die ich jetzt korrigiere: Ein 1730 geborener Ururgroßvater führte in Saratow am Unterlauf der Wolga das Leben eines frommes Landedelmannes; ein anderer Ururgroßvater kam 1775 zur Welt und gewann die Auswahl für den Posten des Organisten am Markusdom in Venedig; ein dritter Ururgroßvater war hundert Kilometer südlich von Paris Dorfschulmeister; ein vierter, zweifellos strenger Protestant, verbrachte beinahe all seine Tage in Äthiopien, während ein fünfter die endlosen Machtkämpfe in Addis Abeba überlebte. Man muss über die Aktivitäten der anderen elf nicht Bescheid wissen, um zu begreifen, wie überaus gering die Wahrscheinlichkeit war, dass all diese Herren sich zusammentaten, um mich hervorzubringen. Als sich die Ahnengalerie auf die Großväter reduziert hatte, standen die Chancen für meine Geburt kaum besser. Zugegeben, meinen Großvater väterlicherseits hatte man in den

Westen ins Exil geschickt, doch inzwischen war die Familie meiner Mutter in den Osten emigriert – ein bemerkenswerter Mangel an Koordination. Der Vater meines Vaters hatte die deutsche Staatsangehörigkeit erworben. Nachdem er dann eine Weile in Italien gelebt hatte – für einen konvertierten Protestanten eine sonderbare Wahl –, ließ er sich ausgerechnet in Jaffa bei Tel Aviv nieder und heiratete in zweiter Ehe die Tochter seines Kutschers, eines polnischen Juden, der mit einer äthiopischen Prinzessin verheiratet war. Sieben Jahre brachten sie nichts als Fehlgeburten hervor, und als schließlich mein Vater – ihr Erstgeborener – die Bühne betrat, war mein Großpapa 57 Jahre alt. Sein Sohn legte eine außergewöhnliche Eile an den Tag und stürzte ins Leben, nachdem er seiner Mutter eine Schwangerschaft von nur knapp sieben Monaten gestattet hatte, mit einem Geburtsgewicht von weniger als einem Kilogramm. Dass er überlebte, verdankte er der außerordentlichen Geduld und Findigkeit meines Großvaters, der dem Säugling tropfenweise Milch einflößte: aus einem Füllfederhalter der Marke Waterman. Hier ist zwar nicht der Ort für Werbung, aber ich möchte die Gelegenheit doch einmal ergreifen und öffentlich einer Firma meine Anerkennung zollen, der ich so viel verdanke.

Meine Mutter wiederum war die Jüngste aus der großen Familie des Sankt Petersburger Architekten Louis Benois. Sie fuhr auf der zugefrorenen Newa Schlittschuh, während mein Vater mit seinem Araberhengst in Palästina neben Eisenbahnen hergaloppierte. Die übereilte Tat eines serbischen Studenten in Sarajevo, das Säbelrasseln der österreichisch-ungarischen Kriegspartei, der grenzenlose Ehrgeiz des deutschen Kaisers, die französischen Revanchegelüste, die rasche russische Mobilmachung, der Krieg zu Lande, zu Wasser und in der Luft; Gas, Revolution, Demütigung und Eroberung – dies alles war erforderlich, um die zwei, meinen Vater und meine Mutter, zusammenzuführen. Nie wird es mir gelingen, die gewaltige Kriegsschuld zu begleichen, die ich persönlich Millionen von Menschen schulde, deren Egoismus und Opfermut, Dummheit und Klugheit, Tapferkeit und Feigheit, Ehre und Ehrlosigkeit es meinen Eltern ermöglichten, sich unter den unwahrscheinlichsten Umständen zu begegnen. Als ich schließlich da war, wurde ich Peter Alexander genannt. Peter nach einem Bruder meines Vaters, der im Ersten Weltkrieg auf deutscher Seite gefallen ist. Alexander nach dem Bruder meiner Mutter, der auf russischer Seite fiel. Ich bin stolz darauf, meine Vornamen von zwei gefallenen Verwandten zu haben, einen von jeder Seite. Apropos Vorurteile: Wenn man sich dann noch ausmalt, dass mein Vater im Trainingsanzug und dessen Mutter im Nachthemd ihrer Oma geheiratet hat, darf man bei mir auch merkwürdigen Sitten und Gebräuchen gegenüber kein Naserümpfen erwarten.

Mein Großonkel und die moderne Kunst

Mein Großonkel war ein berühmter Bühnenbildner zu seiner Zeit. Er war Direktor der Petersburger Eremitage und gab eine Zeitschrift heraus, die damals viel gelesen wurde in Russland. Das war zur Zeit von Diagelew. Sie hieß «Mir Iskustwa» – «Die Welt der Kunst». Er hat sich mit vielem beschäftigt, war ein großer Romantiker und hat zum Beispiel die Dekors für Strawinskys Ballett «Petruschka» mit dem legendären Tänzer Nijinsky entworfen. Er hat auch mit Abel Gance in Paris an dessen Film «Napoleon» gearbeitet. Er war ein hoch begabter Künstler und Wissenschaft-

ler, immer aufgeschlossen für Neues, wie den Futurismus eines Marinetti. Allerdings hat er nichts mitgemacht, er hat das Neue nur bewundert. In seiner Wohnung in Paris hing eine herrliche Ansicht von Venedig, die Guardi im 18. Jahrhundert gemalt hat. Wie viele Russen, die älter werden, stellte er spät fest, dass er eine Menge Mäuler zu stopfen hatte, die selbst nicht viel für ihren Unterhalt taten. Nun müsse er den Guardi verkaufen, sagte er uns. Als ich wieder einmal bei ihm war, hing der Guardi aber wie stets an der Wand. Ich war erleichtert: «Gott sei Dank, er ist noch immer da. Ich dachte, du musstest ihn verkaufen.» Er antwortete: «Bevor ich ihn verkaufte, habe ich ihn kopiert, selbst abgemalt. Das hier *ist* die Kopie, und niemand erkennt den Unterschied, nur ich.»
Auf seinem Nachttisch lag ein teures Buch über den Surrealismus und die dadaistische Bewegung. Ich war für einen Augenblick allein in seinem Zimmer und habe es mir angeschaut. Ich fand dieses Buch interessant, aber ich wusste gar nicht, was dieses moderne Zeug mit meinem Großonkel zu tun haben sollte. Ich habe ihn also danach gefragt, und er sagte: «Ich hab's gekauft, weil ich glaube, dass es die Pflicht aller Künstler ist, mit ihrer Epoche zu leben. Ein Künstler muss wissen, was um ihn herum geschieht. Ich habe es gekauft, weil ich versucht habe, diese jungen Leute zu verstehen, aber ich kann es nicht.» Auf einmal wurde er weinerlich. Er konnte die Avantgardisten nicht verstehen, aber deswegen hätte er nie ein Vorurteil gegen die Moderne gehabt. Damals gab es sehr viele russische Modernisten wie Malewitsch und Kandinsky, die schon einen ganz anderen Weg gegangen waren als mein Großonkel.
Er hat ein fabelhaftes Buch geschrieben, seine Memoiren. Darin formuliert er Gedanken über das Leben, zum Beispiel, dass er sich im Alter von beinahe neunzig Jahren

besser an seine frühe Kindheit erinnerte als je zuvor. Alles stand klar vor seinen Augen. So erinnerte er sich etwa, dass die Kindermädchen ihn immer mit zur Eisenbahnstation nahmen, damit er zwischen den Zügen spielen konnte. Der Zug kam nur jeden Freitag. Also konnten die Kindermädchen sicher sein, dass ihm nichts passierte. In der Nähe stand eine Rotunde, in der Orchester proben konnten für ihre Abendvorstellung vor dem Zaren. Mein Großonkel spielte ganz zufrieden zwischen den Gleisen, da probte wieder ein Orchester. Später erfuhr er, es war Johann Strauß mit seinen Musikern. Sie probten Walzer für ein Abendkonzert bei Hof. Über diese Musik, die mein Großonkel wohlgemerkt als Fünfjähriger gehört hatte, schrieb er in seinen Memoiren: «Sie schockierte mich ob ihrer unerhörten Vulgarität! Eine Meinung, die ich erst später geändert habe, als mein Geschmack schon korrumpiert war.»

Schulzeit in England

Als Kind war ich ein Opfer von Vorurteilen. Ich bin zwar in London geboren, aber mit einem russischen Namen und noch dazu mit einem «von» davor. Ich kam kurz nach dem Ersten Weltkrieg in die Schule, und die anderen Jungen haben mir vorgeworfen, dass ich diesen Krieg persönlich verloren hätte. Das hat mich nicht gerade erfreut, und ich finde es noch heute etwas schwer für einen Sechsjährigen, das zu akzeptieren. Aber die Jungen haben dann eingelenkt: «Das macht eigentlich nichts. Es spielt keine Rolle mehr, die Sache ist vorbei, und außerdem: Unsere Väter haben uns gesagt, dass die deutschen Schützengräben, zumindest was das Sanitäre angeht, viel besser gewesen seien als die

französischen Schützengräben.» Da meine Mutter französischer Herkunft war, gefiel mir diese Bemerkung auch nicht gerade gut. Dann kam der Augenblick, an den ich mich mein Leben lang erinnere: Ich war immer noch sechs Jahre alt, in der ersten Klasse, da hing an einer Wand ein Bild von Jesus, gemalt mit wallendem Haar, ein bisschen weiblich, ein bisschen schwul, ein Ölgemälde. Jesus gab einem Pfadfinder eine Hand, mit der anderen Hand zeigte er ihm auf der Landkarte, wie groß das britische Imperium war. Der Ausdruck auf Jesu Gesicht ließ keinen Zweifel daran, auf welcher Seite er stand. Ich habe mich darüber sehr aufgeregt als kleiner Deutscher, der ich damals noch war. Ich sagte, das sei eine Unverschämtheit. Der Lehrer drehte sich um: «So eine Frechheit, das Bild gehört an diese Wand, an die Wand einer englischen Schule. Es ist patriotisch, es ist rechtdenkend, ich will nie wieder so etwas von dir hören ...» Bis ihn eine Lehrerin stoppte und sagte: «Sie müssen nicht zu hart mit ihm sein, Sie dürfen nicht vergessen, er ist Ausländer.» Das war eine wichtige Szene in meinem Leben, obwohl ich sie damals nicht sofort verstand, jedenfalls nicht in jeder Nuance. Ich habe immer auch die komische Seite von allem erlebt und die Dinge nicht so ernst genommen, wie ich sie hätte nehmen müssen, wenn ich etwas empfindlicher gewesen wäre. Doch in diesem Augenblick verstand ich, dass ich in einem ewigen Exil war, ich würde immer im Exil sein, denn ich gehöre zu keinem Land.
Mein Großvater war Russe, mein Vater Deutscher, aber er ist nicht in Deutschland geboren. In der Schweiz erzogen, studierte er an der französischen Universität von Grenoble und dann an einer Technischen Hochschule in Düsseldorf, als 1914 der Krieg ausbrach. Auf einmal stand er im deutschen Heer, ich habe ein fabelhaftes Foto von ihm mit Pickelhaube: Er posiert vor einem Fotografen in

Ulm, als Gefreiter im Grenadierregiment König Karls von Württemberg. Da ist er geblieben, bis er in das Wolff'sche Nachrichtenbüro wechselte, einer Abteilung des Auswärtigen Amtes. Nach dem Krieg wurde er Presseattaché der deutschen Botschaft in London unter Joachim von Ribbentrop, Hitlers späterem Außenminister. So saß in der Schule an meinem Nebenpult der Sohn von Ribbentrop. Ausgerechnet! Doch der Sohn war sehr nett, was konnte er für seinen Vater.

«Er ist ein Ausländer» war für mich nicht das früheste erinnerbare Vorurteil. Denn ich war schon als Kind ein kleiner «Kosmopolit». Ich war es gewöhnt, Russisch, Deutsch und Französisch um mich herum zu hören. Doch: Wir hatten nur drei Zimmer, ein Zimmer, das meinen Eltern gehörte, mein Zimmer und dann ein Zimmer, das gleichzeitig als Küche, Esszimmer und Salon diente. Für mehrere Jahre mit der Familie auf nur drei Zimmern zu leben begünstigt das Bewahren von Geheimnissen nicht gerade. Man kann sich nicht verstecken. Aber schon als kleiner Bub durfte ich Vater und Mutter durchaus die Meinung sagen. Ich wuchs also in keinem autoritären Elternhaus auf. Mein Vater hat es einige Male probiert, aber ohne Erfolg.

Mein Vater wurde in Jaffa geboren. Er wurde Jonas getauft, nach Jonas und dem Walfisch. Diese biblische Geschichte spielt nun einmal in den Gewässern vor Jaffa: Dort wurde Jonas vom Wal an den Strand gespuckt. Er hatte nur diesen einen Namen, und er hasste ihn. Man nannte ihn «Klop», was auf Russisch «Bettwanze» heißt. Sogar das hatte er lieber als Jonas. Er wollte lieber eine Wanze sein als der religiös Gefärbte. So groß war sein Hass auf die Religion. Er war areligiös bis zum Äußersten, weil er aus einem religiösen Elternhaus kam. Bei meiner Mutter verhielt es sich umgekehrt.

Ihre Papiere, bitte!

Ich komme aus einer Familie, in der alle Exilanten sind. Ich konnte wählen, als ich 21 war, zwischen einem deutschen und einem englischen Pass. Aber in Wahrheit gab es keine Wahl mehr, weil ich schon in der britischen Armee war, in einer Armee, die gegen die Deutschen kämpfte. Ich weiß nicht, was mit mir geschehen wäre, wenn ich in deutsche Gefangenschaft geraten wäre. Die Frage nach dem Pass ist mir relativ gleichgültig. Mein Vater war Deutscher laut Pass und lebte später in England. Sein Bruder Peter, nach dem ich benannt wurde, ist im Ersten Weltkrieg als deutscher Flieger über Belgien gefallen, 1917, am Freitag, dem 13. Juni. Er war natürlich auch Deutscher. Der nächste Bruder, mein Onkel Platon, ist nach Kanada ausgewandert und erst neulich in Kalifornien gestorben, mit einem kanadischen Pass. Der jüngste der vier Brüder, Gregorij, lebt noch, glaube ich, er ist Argentinier und war Direktor eines Elektrizitätsunternehmens in Buenos Aires. Die Schwester dieser vier Brüder war mit einem Palästinenser verheiratet und lebte, nachdem sie aus Israel rausgeschmissen worden ist, als Witwe in Beirut, als Libanesin. Was soll ich mich also um einen Pass scheren? Wir haben alle verschiedene Pässe in der Familie, wie sollte ich ein solches Zufallsdokument für wichtig halten?!

Sehr spät in meinem Leben wurde es dann doch noch wichtig. Wegen des «von» vor dem Namen, das mir mein russisch-württembergischer Großvater väterlicherseits vererbt hatte. Ich habe es in meinem ganzen Berufsleben nie benutzt, aber als ich Hélène, die Französin ist, heiraten wollte, ist es unversehens als Problem wieder aufgetaucht. Auf dem französischen Standesamt erklärte man mir: «Wenn Sie heiraten wollen, müssen Sie eine Geburtsurkunde aus England beibringen, wo Sie geboren sind.» Da habe ich angefragt im Summerset House, wo die Archive untergebracht sind, und nach einer gewissen Zeit hat man mir geantwortet: «Sie sind nicht in London geboren.» Ich schrieb zurück: «Nun, ich kann es nicht schwören, ich weiß nicht, wo ich geboren bin, aber man hat mir gesagt, es sei in London gewesen. Meine Eltern jedenfalls meinten, dass die Stadt London hieß.» – «Nein, da ist nichts unter Ustinov.» Schließlich haben sie mich gefunden: unter «v» wie «von». Von Ustinov. Jetzt war die französische Bürokratie zufrieden: In meinem heutigen Pass steht Sir Peter Alexander Ustinov, und meine Frau heißt Lady Hélène von Ustinov. Das kann man nicht mehr ändern.

Mein Vater war sehr pro-englisch, und er sprach fließend Deutsch, sehr gut Französisch, Arabisch und Holländisch. Englisch aber nur mit Stottern. Er stotterte in Englisch, er suchte immer das falsche Wort, wie die Engländer heute noch im Parlament, er sprach wie ein alter englischer Konservativer. Er war ein politischer Kopf, er hat Deutschland als Repräsentant geholfen und war auf Londoner Partys sehr beliebt, weil er sehr witzig war. Er ahmte die Leute nach wie ich, aber regungslos. Ich bewege mich, ich imitiere Stimmen und Gesichter. Er mimte eine fabelhafte Königin Victoria mit einer Serviette auf dem Kopf und sah wirklich genauso aus, wenn er sich nicht rührte. Und da er sehr klein war, sah er manchmal aus wie ein geschmolzener Winston Churchill.

Todesstrafe

Die englischen Schüler hatten nicht wirklich Vorurteile, eher die Erwachsenen. Wir Jugendlichen pflegten zwar an andere Dinge zu denken als an den spanischen Bürgerkrieg, aber ich muss dennoch recht früh politisch interessiert gewesen sein. Denn irgendwann fand ich einen alten Schulaufsatz wieder, mit der Notiz, dass, wenn wir in Spanien nicht den Bürgerkrieg verhindern, ganz Europa in Flammen aufgehen würde. Als ich so politisierte, war ich 13 Jahre alt. Die Schule, die ich in London besuchte, war eine für Diplomatenkinder und «captains of industry», die eingebildete Elite. Eines Tages befahl mir der Direktor: «Ustinov, morgen Abend findet eine Debatte statt. Du bist ein Sprecher, der sich mit der Todesstrafe befassen muss. Und du bist dafür!» Ich habe erwidert: «Aber ich bin sehr dagegen», worauf der Schuldirektor sagte: «Ich glaube nicht, dass du mich richtig verstanden hast: Du sprichst morgen Abend *für* die Todesstrafe.» Ich habe dann wirklich für die Todesstrafe gesprochen, aber so zugespitzt, dass es ein Plädoyer dagegen wurde. Nur waren manche Zuhörer nicht subtil genug, um das zu bemerken. Sie dachten, ich hätte tatsächlich eine Rede *für* die Todesstrafe gehalten.

Das erinnert mich an Thomas Manns «Felix Krull», als Felix zum Militär eingezogen werden soll, obwohl er nicht Soldat werden will. Er wird dann auch von der Kommission abgelehnt, weil er der Kommission auf überzogene Weise zu verstehen gibt, dass er mit aller Macht zu den Waffen will. Er sagt zum Beispiel: Ja, ich will gern schießen, ich liebe das sogar, und daraufhin wird er als Psychopath ausgemustert.

Das schönste Beispiel, wie man mit gespielten Vorurteilen gewinnen kann, kommt im Film «Harold and Maude» des früh verstorbenen Regisseurs Hal Ashby vor, der auch mit Peter Sellers gedreht hat. In diesem göttlichen Film liebt der etwa zwanzigjährige Harold, der eine sehr unterhaltsame Vorliebe für Leichenwagen und vorgetäuschte Selbstmorde hegt, die bald achtzigjährige Maude, eine Lebenskünstlerin, die bester Stimmung in einem alten Eisenbahnwaggon lebt. Harold soll aber den von seiner Familie vorgezeichneten Weg gehen. Also bittet seine genervte Mutter seinen Onkel, einen eingefleischten Militaristen, Harold für die Armee zu begeistern. Der Onkel hat einen Holzarm, den er an einer Schnur hochziehen kann, damit er trotzdem zackig grüßen kann. Als der Onkel Harold zu einem Manöver einlädt, übertreibt der nun dessen fanatischen Antikommunismus. Wie von Sinnen rennt er hinter einer alten Frau her, die natürlich seine Maude ist, und beschimpft sie: «Du Kommunistenschwein, ich schlag dich tot.» Der gewünschte Erfolg bleibt nicht aus: Selbst der antikommunistische Onkel ist über diesen Overkill so entsetzt, dass er seinem Neffen vom Soldatentum abrät.

Wurzeln im zivilisierten Benehmen

Meinen Großvater verschlug es, wie gesagt, von Russland nach Württemberg. Und das kam so: Eine falsche Bewegung seines Pferdes hatte meinen russischen Großvater, den Vater meines Vaters, für zwei groteske Jahre ans Bett gefesselt, nicht sitzend, sondern liegend. Da lag er nun, konnte Tolstois «Krieg und Frieden» lesen und sich auch sonst mehr oder weniger gepflegt langweilen. Eines Tages besuchte ihn ein Pfarrer von der anderen Seite der Wolga, aus der deutschen Wolgarepublik, mit seiner sehr hübschen

Tochter. Dieser Besuch sollte sich, nach dem Reitunfall, als ein zweiter Zufall oder besser: zweiter Unfall erweisen. Denn mein Großvater war so verrückt nach der jungen Frau, dass er sehr bald zum Protestantismus konvertierte, um sie heiraten zu können. Nach den russischen Gesetzen jener Zeit aber konnte ein Offizier, und das war mein Großvater, nur in der Armee verbleiben, wenn er jedes Jahr einen Eid auf den Zaren und die orthodoxe Kirche zu leisten bereit war. Der Schwur auf den Zaren war für ihn kein Problem, der auf die orthodoxe Kirche schon! Also wurde er vom Zaren entlassen und musste all seine Güter verkaufen. Das machte ihn zu einem reichen Mann. Er beschloss, inzwischen mit der Pfarrerstochter verheiratet, nach Württemberg auszuwandern.

In Württemberg war die Königin eine der Töchter des Zaren, und diese freute sich immer wahrhaft «königlich», wenn sie jemandem einen Gefallen tun konnte, der Krach mit ihrem Vater hatte. Mein Großvater spendete Gelder für karitative Zwecke wie Krankenhäuser, dafür ist er geadelt worden vom König von Württemberg. Er hat es sogar bis zum Baron gebracht. Dann aber lief ihm seine schöne Frau von der Wolga weg, mit einem australischen Kapitän zur See. Sie kam nach mehr als einem Jahr mit einem Kind zu ihm zurück, das er nicht gezeugt haben konnte. In der strengen Atmosphäre jener Zeit war das unverzeihlich. Ihr eigener Vater, der Pfarrer, hat sie verstoßen und wurde deshalb ein enger Freund meines Großvaters.

Solo ist der Gehörnte dann nach Italien «emigriert», denn er hatte sich in den Kopf gesetzt, dass für einen Protestanten Italien das einzige zivilisierte Land sei, in dem er leben könne. Das katholische Italien! Er baute sich eine Villa, in der er aber meistens allein war, und ist bald nach Palästina weitergezogen. Dort ist er bis zum Ende seines vierzigjäh-

rigen Exils geblieben. Er war so beliebt bei den dortigen türkischen Machthabern, dass man ihn in Jerusalem zum Generalkonsul von Russland machte, obwohl er immer noch württembergischer Untertan war. Nach Ablauf seines Exils entschloss sich mein Großvater bei Ausbruch des Ersten Weltkrieges, wieder zu seinem russischen Regiment zu stoßen. Das stelle man sich einmal vor: ein Greis, der erneut zu den Waffen greifen will. Kein gutes Abraten half. Er brach nach Russland auf – und starb auf dem Weg zur Front im Örtchen Pskow.
Mein Großvater hatte in Jerusalem mit seiner zweiten Frau gelebt, der besagten Tochter des Kutschers und der äthiopischen Prinzessin. Meine Großmutter war also eine hübsche Mischung, auch indisches Blut hatte sie, aus Goa. Ich erinnere mich noch lebhaft an sie: Sie hatte die Farbe einer guten Zigarre mit grünen Augen. Dazu war sie leider eine wilde Protestantin, ich hasste ihre Besuche. Jedes Mal, wenn sie zu uns nach Hause kam, war es dieselbe Geschichte. Als ich noch klein war, musste ich mich in meinem Pyjama auf ihre Knie setzen, bevor ich zu Bett ging, um mir die Geschichte von der Kreuzigung anzuhören. Sie erzählte die Kreuzigung, als wäre sie selbst dabei gewesen, wie bei einem Verkehrsunfall. Sie hatte viel Phantasie und war immer nass von Tränen, mein Pyjama war auch immer nass von ihren Tränen, und ich musste dann mit diesem kalten Pyjama zu Bett gehen.

Ich habe nie genau verstanden, wo ich hingehöre. Ich bin in Swiss Cottage in London geboren und mit englischen Kindern aufgewachsen. Ein Herr Malzahn vom deutschen Auswärtigen Amt hatte nun einmal entschieden, dass mein Vater nicht mehr in Den Haag als Repräsentant der deutschen Nachrichtenagentur bleiben, sondern lieber in England etwas für sein Land tun sollte. Schließlich waren die Deutschen hier nach dem Ersten Weltkrieg sehr unbeliebt, es herrschte noch diese «Hängt-den-Kaiser»-Stimmung. Mein ganzes junges Leben war davon geprägt, sogar noch in der Armee, in der uns ein scheußlicher Feldwebel beibrachte, wie wir mit einem Bajonett anzugreifen hatten. Dazu der englische Drill und die ganze Zeit das Gebrüll: «The only good German is a dead German.» Ich habe gedacht: In welchem Jahrhundert leben wir eigentlich? Es war sehr schwer, sogar noch am Ende des Krieges, als ich in einem Militärlazarett arbeitete. Da am Ende des Krieges nicht mehr viel zu tun war, ging ich im Park spazieren. Auf einmal traf ich auf einen deutschen General, das hatte ich nicht erwartet, er war wohl ein Kriegsgefangener, der sich dort wegen einer Verletzung aufhielt. Da ich mein Deutsch üben wollte, grüßte ich ihn: «Guten Morgen, Herr General, fühlen Sie sich sehr einsam hier in London?» – «Ach, Sie sprechen Deutsch. Das ist merkwürdig, hier kann ja jeder Deutsch sprechen, als ob wir in Berlin wären.» Daraufhin wurde ich festgenommen von der britischen Militärpolizei. «Was haben Sie da gesagt?» Ich antwortete: «Machen Sie keinen Blödsinn, ich hab ihn nur gefragt, ob er sich gut hier fühle. Leider hatte er nicht die Zeit zu antworten, bevor Sie mich festgenommen haben, also, was soll das?» Der Militärpolizist: «Sie wissen sehr gut, dass es ein neues Gesetz gibt: Antifraternisation.» – «Ja, das gilt in Deutschland, bei den Besatzungstruppen, aber doch nicht hier.» Ich habe so etwas nie mehr in meinem Leben gehört. Sie wollten mich verhaften, weil ich deutsch gesprochen habe! Mein ganzes Leben hat im Exil gespielt, und ich bin noch immer im Exil, ich gehöre nirgends hin. Leute kommen zu mir, auch in Amerika, und fragen: «Wo sind Ihre Wurzeln?» Ich antworte immer: «Ich hoffe, im zivilisierten Benehmen.»

Kompanie mit Carol Reed

Ich denke, dass der einzelne Mensch wichtiger ist als die Masse, weil die Masse nur eine Versammlung von Menschen ist, die keine eigene Stimme hat. Man sollte aber eine haben. Auch wenn man eher zurückhaltend ist. Ich war nie besonders tapfer, kein Wehrdienstverweigerer. Dennoch, ich verstehe selbst nicht, warum, war ich mutig genug, um einem Offizier zu sagen: «Eines verspreche ich Ihnen: Wenn ich einmal ausgewählt werde und in ein Erschießungskommando komme, werde ich danebenschießen.» Der Offizier antwortete mir überraschenderweise: «Einverstanden, aber sage es niemand anderem.» Ich war auch darum kein Kriegsdienstverweigerer, weil ich glaube, dass Zeiten eines internationalen Chaos nicht der Augenblick sind, auf sich selbst zu zeigen und zu sagen, ich bin anders als die anderen: «Bitte, ich will nur Holz hacken, nur Nachttöpfe leeren.» Aber ich hatte mir geschworen, dass ich nie jemanden töten würde. Deshalb habe ich nach meinem 80. Geburtstag auch aufgegeben, Auto zu fahren, denn ich sehe nicht mehr genug, war mit 197 in einer 120-Kilometer-Zone erwischt worden und will nicht verantwortlich sein, wenn etwas auf der Straße passiert, das ich nicht schnell genug interpretieren kann.

So empfand ich schon als einfacher Soldat. Ich habe sehr gut geschossen, und eines Tages sollte ich zu einer anderen Einheit mit Carol Reed, dem Filmregisseur, der später mit Orson Welles den Wien-Klassiker «Der dritte Mann» gedreht hat. Diese Aussicht verlockte mich ungeheuer. Der Oberst fragte: «Sie wollen uns verlassen?» Ich antwortete sehr tapfer mit Ja. Er versprach mir, dass ich gehen könne, wenn ich noch einen Tag übte. Ich war so glücklich, ich habe ein riesiges Loch geschossen, vom Zentrum der

Zielscheibe war nichts mehr zu sehen. Der Oberst hat die Scheibe rahmen lassen für sein Büro, mir meine Reise zu Carol Reed jedoch gestrichen. Ich musste zu einem Scharfschützenkurs, und das war scheußlich. Ich konnte zwar gut schießen, aber auf einen Baum zu klettern, das war mir unmöglich. Drei Leute mussten helfen, mich hochzuhieven, und ich fühlte mich sehr unsicher da oben im Baum mit meinem Gewehr. Nun wurde dem Oberst klar: Ich war ein hoffnungsloser Fall, und so ließ er mich nach einer Woche doch zu Carol Reed.
Während der Soldatenzeit habe ich meine ersten Filme gemacht. Einer hieß «Panzer – der beste Gebrauch von Rauch Nummer 4» und gab uns Jungs darüber Auskunft, wie wir uns mit Nebelwerfern am besten vor dem Feind verstecken konnten. Ein anderer war ein psychologischer Lehrfilm zur Frage, warum sich Menschen in einer Armee anders verhalten müssen als im Zivilleben, dass hinter dem Gebrüll der Vorgesetzten durchaus noch Menschen stecken. In einer späteren Langfassung dieses Kurzfilms spielte David Niven mit, und ich erinnere mich noch, dass der Film am Tage der alliierten Landung in der Normandie Premiere hatte. Unser Chef war Colonel Churchill. Wir nannten ihn aber Wilhelm Tell, weil er «very good in arrows», ein ausgezeichneter Bogenschütze, war, im Zweiten Weltkrieg eine vielleicht etwas antiquierte Begabung.
Wenn gelogen wurde, geschah das auch in der Armee mit schwarzem britischem Humor. So drehten wir einen Film, der zeigte, wie viel Verluste unsere Leute bei der Befreiung Norwegens von den Nazi-Besatzern zu erdulden haben könnten. Colonel Churchill: «Wie viele starben beim letzten Szenario?» – «Achtzig Prozent, Sir!» – «Okay, im Film sagen wir siebzig Prozent. Wir wollen schließlich unser Publikum nicht unnötig erschrecken.» Auch die «richtigen»

Filme, in denen ich in diesen meinen jungen Soldatenjahren mitspielte, atmeten den Geist der Zeit: Meine allererste Rolle als Filmschauspieler absolvierte ich 1942 in «One of Our Aircrafts is Missing», also: «Eines unserer Flugzeuge ist verschwunden». Im selben Jahr schrieb ich mit Carol Reed am Drehbuch für «The Way Ahead», zu Deutsch ungefähr: «Der Weg nach vorn». Ich war 22 Jahre alt. Theaterstücke geschrieben und gespielt hatte ich schon vor meiner Soldatenzeit: Mit 18 stand ich erstmals auf der Bühne, mit 19 spielte ich einen Robbentrainer. Brigitte Bardot möge mir verzeihen.

Über Dummheit (im Krieg)

Ich besitze ein Buch zu Hause, «Rifleman and Husar», das ich gekauft habe, als ich in Salisbury Soldat der britischen Armee war. Salisbury ist nicht nur eine Stadt mit einem sehr hohen schönen Dom, ein bisschen wie Ulm, sondern auch mit vielen Antiquitätengeschäften. In einem der Lädchen fand ich das Buch für six Pence, sechs Groschen. Jede Woche hatte ich six Pence für ein Stück Schokolade übrig. Aber weil ich in Salisbury war, habe ich auf die Schokolade ausnahmsweise verzichtet, was auch besser für die Gesundheit war, und stattdessen dieses Buch eines englischen Oberst erstanden. Es ist wirklich ein fabelhaftes Buch, es ist so blöd, so herrlich dumm. Der Autor, für seine Tapferkeit irgendwann mit dem Victoriakreuz ausgezeichnet, ist im Ersten Weltkrieg 1914 schon zu alt für das Soldatentum. Also wird er Zensor für Briefe in Frankreich. In seinem Tagebuch berichtet er, wie eines Morgens große Aufregung geherrscht habe, als ein deutsches Flugzeug über die eigenen Linien flog, ein ganz neues 1914er-Modell. Man habe es abgeschossen, zwei Deutsche, Pilot und Beobachter. Hands up! Bei der Durchsuchung der Maschine sei nichts Gefährliches gefunden worden, außer sehr geschmacklosen Fotografien. Das war für den Oberst besonders schlimm! Es zeigte ihm, was für Schweine die Deutschen waren. In Kriegszeiten über fremde Linien zu fliegen mit solchen obszönen Bildern, was für eine Frechheit. Wenn das seine Sorgen waren! Ich habe sofort ein Programm gemacht für das BBC-Radio, habe aus dem Buch gelesen, und mir wurde von der Familie gedankt, dass dieses Buch jetzt wieder dem Publikum zugänglich wird.

Als die Engländer um 1890 in der historischen Hafenstadt Suakin am Roten Meer im Sudan einen «Negeraufstand» niederschlugen, haben sie viele Schwarze gefangen genommen und sie in noch nicht fertige Wasserrohre für den Straßenbau geschoben, sodass sie sich nicht bewegen konnten. Auf einmal ist einer von diesen schwarzen Leuten herausgesprungen und um sein Leben gerannt. Ein Brite hat auf ihn geschossen, traf aber das eigene Bein. Sein Offizier erzählte später zynisch amüsiert: «Ich saß auf meinem Pferd, sah dies und lachte, weil der Feldwebel sich in den Fuß geschossen hatte. Ich fand das sehr komisch und dachte, nun muss wohl ich den Mann einfangen. Ich jagte ihn also auf meinem Pferd. Aber der Schwarze versteckte sich hinter Büschen, wechselte die Richtung, es war genau wie beim Pig-Sticking in Indien, beim Wildschwein-Stechen mit Lanze oder Spieß. Endlich habe ich ihn erwischt, weil er außer Atem war, und ich fesselte den Kerl auf meinem Ledersattel.» Ich weiß nicht, was mit dem Schwarzen nachher passiert ist, den er wie ein Wildschwein behandelt hat. Der Krieg als Sport der «Herren» gegen «Untermenschen».

Montaigne und mein Plagiator Spinoza

Der Kampf gegen Vorurteil und Irrtum ist eine der nobelsten Aufgaben der Philosophie. Aber wie will man denkend zur Wahrheit vorstoßen? Und woher wissen wir, ob das, was wir für die Wahrheit halten, auch wirklich die Wahrheit ist? Welche Methode ist die richtige? Blaise Pascal, der französische Religionsphilosoph, Physiker und Mathematiker, sagte vor über dreihundert Jahren: «Das ganze Unglück der Menschen entsteht nur daraus, dass sie nicht ruhig in ihrem Zimmer sitzen bleiben können.» Soll man also die Einsamkeit suchen? Oder hatte Robinson Crusoe Recht, der kaum hundert Jahre später meinte: «Ich fand, dass Sich-Rühren und Handel-Treiben mit größerem Vergnügen verbunden sei und dem Geist mehr Befriedigung gewähre als still zu sitzen, was besonders für mich das Freudloseste im Leben war.»

Muss man, um «richtig» zu denken und zu leben, unter die Menschen gehen – oder soll man, im Gegenteil, vor ihnen fliehen? In der Geschichte des Denkens gibt es Beispiele für jede Methode. Der Philosoph Diogenes zog sich in seine Tonne zurück, bei Sokrates ist die Philosophie Gegenstand geselliger Gespräche. Solange wir es aber nicht genau wissen, können wir uns an Spinoza halten, der uns daran erinnert, dass Philosophie nicht nur mit der Wahrheit, sondern auch mit der Weisheit zu tun hat. Und zur Weisheit gehört die Tugend der Vorsicht. Spinoza, der niederländische Philosoph und ein Zeitgenosse Pascals, hatte sich auf seinen Siegelring die Devise «Caute! – Méfie-toi!» gravieren lassen. Auf Deutsch könnte man das schon mit dem Wort «Vorsicht» übersetzen – oder mit den Worten «Achtung! Vorurteile». Womit Spinoza als mein Plagiator überführt wäre.

Michel de Montaigne, 1581 bis 1585 Bürgermeister von Bordeaux, beginnt seinen Essay «Über die Menschenfresser» so: «Als König Pyrrhus in Italien einfiel, sagte er, nachdem er die Anordnung des ihm von den Römern entgegengeschickten Heeres erkundet hatte, er wisse zwar nicht, um welche Barbaren es sich handle, aber diese Aufstellung, wie er sie vor sich sehe, sei alles andere als barbarisch. Das Gleiche sagten die Griechen von dem Heer, mit dem Flaminius ihr Land durchzog ... Hieraus ersieht man, wie sehr wir uns davor hüten sollten, vorherrschenden Meinungen zu folgen.» – «Man muss nach der Stimme des Verstandes urteilen, nicht nach dem Brauch des Landes», so schreibt Montaigne über die Bräuche der so genannten Wilden in Amerika, der «Menschenfresser» eben. Er will zeigen, dass sie keine Barbaren sind, sondern nur eine andere, nicht weniger unvernünftige Gesellschaftsordnung haben als die Europäer. «Aber», so schließt Montaigne seinen berühmten Essay ironisch ab, «was hilft's? Sie tragen ja nicht einmal Kniehosen!»

Das Recycling der Vorurteile

Das älteste Vorurteil, an das sich unsere westlichen Gesellschaften zu erinnern scheinen, ist das über den Barbaren. Die Griechen nannten so denjenigen, der ihrer Sprache nicht mächtig war, der sie, die Griechen, nicht verstehen konnte und damit also weit unter ihrem kulturellen Niveau anzusiedeln war. An der Verachtung des Barbaren änderte auch dessen militärische Überlegenheit nicht viel. Im Gegenteil: Die Römer galten als Barbaren, eben *weil* sie stärker waren. Mit dem Schimpfwort «Barbar» schützte, rechtfertigte und verteidigte sich die schwächere, aber vermeintlich überlegene Kultur gegenüber dem stärkeren, aber zivilisatorisch minderwertigen Gegner. Interessant an der Geschichte des Barbaren ist aber auch, dass er keineswegs immer der grobschlächtige Kerl am untersten Ende der Zivilisation war.

Als nämlich der römische Historiograph Tacitus etwa um 100 nach Christus sein Buch (das erste überhaupt) über die kuriosen Stämme nördlich der Alpen, die Germanen also, schrieb, hatte er weniger eine Demonstration römischer Überlegenheit im Sinn als vielmehr ein – von ängstlichem Schauder begleitetes – Lob der «barbarischen» Moral. Inzwischen vertreten die Römer die Partei der Kultur, aber der hohe Grad an Verfeinerung der römischen Zivilisation – so könnte man Tacitus in etwa entziffern – hat auch zu einem hohen Grad an Schwäche geführt: Lockere Sitten, fehlende Tugenden, eine allgemeine Dekadenz bedrohen von innen das römische Reich, das nach außen so viele Kriege geführt und gewonnen hat. Ganz anders die Barbaren des Nordens mit ihrer rohen Moral, die etwa Ehebrüche auf das schlimmste ahndet. Der Barbar ist «gesund» und lebt gesund. Er ist der Wilde, aber seine Wildheit ist eine gezügelte Wildheit – und aus ihr zieht er seine ganze Kraft und Tugend. Die Römer indes leben in der Vergessenheit jener «barbarischen» Tugenden, die sie einst stark gemacht haben. Bei Tacitus findet sich somit eine interessante und wichtige Variante zum stets recycelten Vorurteil über Barbaren. Zivilisationen «ermüden» an ihrer Verfeinerung, neue Kraft, überhaupt Erneuerung, kommt durch den Barbaren.

Der Barbar muss also nicht immer der kraftstrotzende Germane sein, der dem zivilisierten, lateinischen Europa Angst und Schrecken einjagt. Er kann auch – in der Sicht der Zivilisierten – ein friedliebender Wilder sein, wie er seit der Aufklärung durch die Werke europäischer Denker geistert.

Wie der Kraftprotz verkörpert er die Kritik an der Zivilisation: Eben weil er wild ist, steht er der Natur näher, lebt also damit auch näher an der Wahrheit. Schließlich scheint er das Paradies noch kaum verlassen zu haben.
Die «Zivilisation» sucht sich, je nach Bedarf, ihre zahmen oder ihre brutalen und brachialen Barbaren. In einem Fall erhebt sie ihn in himmlische Höhen, im anderen dämonisiert sie ihn geradezu. In jedem Fall handelt sie mit Vorurteilen. Manchmal entwickelt die «Zivilisation» zu ihrem Barbaren eine erotische Spannung, für die es in der Literatur- und Kunstgeschichte viele Beispiele gibt. Für mich ist in dieser Hinsicht eines der schönsten und lustigsten die Gestalt der Diane Houpflé aus Thomas Manns «Felix Krull»: «Ja, duze mich derb zu meiner Erniedrigung», hechelt sie dem Barbaren ins Ohr, der nun die Form eines sozial tiefer gestellten Subjekts annimmt, das zudem noch Deutscher ist, eben der Etagenkellner Felix Krull.
Für den großen Fundus der Vorurteile, die Nationen gegeneinander hegen, werden auch gern die verschiedenen Vorurteile über Barbaren recycelt. Bei Bedarf kümmern sich die politische und die Kriegspropaganda um die entsprechenden Diskriminierungen. Ein Beispiel: Im Krieg von 1870/71 stellten französische Karikaturisten den deutschen Soldaten, der hier erstmals als «Boche» auftritt, stets als Uhrenklau vor. Denn ein Barbar kann sich die Feinmechanik nur gewaltsam aneignen, ohne zu wissen, was er an ihr hat. Wer erinnert sich nicht an Familienerzählungen von russischen Soldaten der 1945 anrückenden Roten Armee, die Wasserhähne abmontierten, um sie andernorts, zwecks Wassergewinnung, direkt in die Wand zu rammen? Noch ein Beispiel: 1870/71 und im Ersten Weltkrieg verbreitete die französische Propaganda Gräuelgeschichten von preußischen Soldaten, die sich an Babys vergingen, diese zer-

stückelten und vertilgten. Wer erinnert sich jetzt noch an den amerikanischen Propaganda-Coup während des ersten Golfkrieges, als eine junge Kuwaiterin vor dem Kongress mit tränenerstickter Stimme von angeblich durch irakische Soldaten abgeschalteten Brutkästen und anderen Gräueln «zeugte». Es war alles «fake». Die Methoden verfeinern sich, die Struktur bleibt die gleiche.

Die Frage angesichts des Immergleichen müsste lauten: Warum und wie funktioniert dieses Recycling? Warum kann über die Jahrhunderte hinweg der immergleiche Quatsch aufgewärmt und neu serviert werden? Die Antwort könnte vielleicht in der Psychologie gesucht werden. Kleine Kinder «fremdeln», und unsere Erziehung versucht, diese frühe, instinktive Angst in ein angemessenes Gemisch aus Vertrauen und Vorsicht zu überführen. Aber angemessen ist das Gemisch nur selten. Ob ich vertrauensselig und naiv oder als verschlossener Menschenfeind durch die Welt gehe, darüber entscheiden Milieu, Erfahrung und vielleicht auch die Gene. In Erwartung einer endgültigen Antwort darauf, ob der Mensch nun gut oder böse sei, sind beide extremen Haltungen unangemessen. Also bleibt uns das «richtige» Gemisch. Sonst sind plötzlich *die* Serben böse.

Einer meiner deutschen Freunde hat mir die folgende Geschichte erzählt: «In Köln, nicht weit von der Wohnung meiner Eltern, gibt es seit gut zwei Jahrzehnten ein jugoslawisches Restaurant, in dem wir zuweilen essen gingen. Aufgrund des Balkankrieges stellten wir uns zum ersten Mal die Frage, ob der Besitzer Kroate oder Serbe sei. Das interessierte uns nicht wirklich, denn wir mochten ihn. Zudem waren wir nie in Jugoslawien gewesen, hätten also, auch wenn wir es gewusst hätten, mit der Antwort wenig anfangen können. Aber immerhin, wir stellten uns die Frage, oder anders: Sie war uns gestellt worden, aufgezwungen worden, weil wir Zeitung lasen und die Fernsehnachrichten verfolgten. Ob wir und der Wirt es wollten oder nicht: Plötzlich gab es eine Frage. Mich erinnerte diese Situation an Sartres Überlegungen in den ‹Réflexions sur la question juive›, wo er in etwa schreibt, dass das Problem des Antisemitismus weniger darin bestehe, dass sich ein Jude plötzlich einem rassistisch gesinnten Feind gegenübersehe, sondern vielmehr darin, dass man als Jude gezwungen sei, nach seiner Identität ‹als Jude› zu fragen und darüber Auskunft zu geben.

Wir fragten den Wirt schließlich nicht nach seiner Nationalität, denn was hatte sie eigentlich damit zu tun, wer er wirklich war. Aber: Sah der Wirt die Sache auch so? Was waren wir für ihn, jetzt, nach all den Jahren, in denen wir nichts anderes als gern gesehene Kunden gewesen waren, mit denen man ein Schwätzchen hielt? Waren wir plötzlich ‹deutsche Freunde› eines eingefleischten Kroaten? Oder war er ein Serbe, der den Verdacht haben musste, dass wir genau das dachten, was fast alle deutschen Zeitungen schrieben? Oder war ihm, der doch wahrscheinlich Teile seiner Familie im alten Jugoslawien hatte, das alles egal? – Wie auch immer: Die Situation war unrettbar vergiftet. Zumindest erschien sie mir so.»

Von der Ursuppe zum Cyberspace: Tempo

In der ganzen Weltgeschichte, seit jenem Tag, als ein Lebewesen aus dem stinkenden Wasser gekrochen kam und die Natur entschied, dass es nicht eine Forelle, sondern ein Mensch werden sollte, seit jenem Tag also war die schnellste Sache auf Erden ein Pferd mit einem Mann drauf. Wahrscheinlich wäre ein Pferd ohne Mann noch schneller gewesen, aber dann hätte man die Richtung nicht mehr kontrollieren können. Auf einmal, am Beginn des 18. Jahrhunderts, setzte langsam die Entwicklung in Richtung Motorkraft ein. Öl hat man dann auch gefunden, und so hissten die Schiffe fortan keine Segel mehr, sie fuhren mit Dampf und mit Turbinen. Am Ende des 19. Jahrhunderts folgten das Automobil und dann das Flugzeug. Wenn man auf die gesamte Dauer der menschlichen Geschichte schaut, ist der Zeitabstand zwischen dem ersten kurzen Hoppelflug der Brüder Wright und dem ersten Spaziergang auf dem Mond winzig. Schon zu Anfang des 20. Jahrhunderts hat der Franzose Charles Péguy gesagt, dass die Welt sich von Jesus Christus bis in die Gegenwart weniger verändert habe als in den dreißig Jahren rund um das Jahr 1900.

Ich glaube, eine Schwierigkeit unserer Zeit ist, dass die Dinge jetzt so schnell vor sich gehen und alles so dicht aufeinander folgt. Man hat wirklich keine Zeit mehr, zu reagieren, sich zu gewöhnen. In der Vergangenheit war es ganz einfach, in der Politik ein Konservativer zu sein, weil die Zeit im Schneckentempo voranschritt. Änderungen kamen nur gelegentlich vor, alles ließ sich reiflich überlegen. Heutzutage ist das ganz und gar unmöglich. Bei unseren Politikern, die sich oft für gewitzte Hasen halten, hat man zuweilen den Eindruck, dass sie verzweifelt den beiden Igeln Fortschritt und Geschichte hinterherhecheln. Die Gentechnologie macht eine rasante Entwicklung, und sie schicken ihr eine Bioethik-Kommission hinterher. Gleichzeitig kämpfen Völker um ihre Unabhängigkeit, oder sie beanspruchen eine kulturelle und nationale Identität, und man antwortet mit mehr oder weniger gelungenem internationalem Krisenmanagement.

Mein Freund Michail Gorbatschow hatte ein feines Gespür für die Beschleunigung der Geschichte, als er im damaligen Ostberlin sagte: «Wer zu spät kommt, den bestraft das Leben.» Ich erinnere mich in diesem Zusammenhang an eine treffende Karikatur aus «Le Monde»: Die deutsche Wiedervereinigung stand bevor, und der Zeichner präsentierte einen Helmut Kohl, der auf dem Weg nach Berlin einem zögerlichen François Mitterrand, dem damaligen französischen Präsidenten, einfach davonrannte. Auch Helmut Kohl hatte, egal, was man sonst von ihm denken mag, von der Beschleunigung des Tempos etwas begriffen. Meistens aber sind Politiker relativ altmodisch in ihren Methoden. Sie scheinen oft nicht zu agieren, sondern nur zu reagieren. Und so stürmen sie von Gipfel zu Gipfel, als steckten sie selbst in einem großen Teilchenbeschleuniger. Man weiß nie, wo Tony Blair gerade ist, wo Gerhard Schröder gerade ist, wenn er nicht Urlaub in Hannover macht. Heute in Dänemark, morgen in Südkorea. Sie haben keine Zeit mehr, in Ruhe nachzudenken.

Mir scheint, dass unsere Statur nicht auf diesen sehr schnellen Wandel vorbereitet ist. Jeden Augenblick ist da ein neues Handy, eine neue Computergeneration. Es wird auch nichts mehr repariert. Ein kaputter Schuh wird nicht zum Schuster gebracht, er wird weggeschmissen, ein neuer wird gekauft, und davon lebt die Wirtschaft. Alle Waren werden schon mit «inbuilt obsolescence», einer programmierten Verfallszeit, auf den Markt gebracht. Wenn in meiner Zeit eine Jacke kaputt war, dann wurde die repariert, das ist völlig aus der Mode. Und gelegentlich, so scheint mir, geht man auch mit Menschen so um. Sobald sie wieder so eigensinnig wie Kinder sind, werden sie in Heime ausquartiert.

Da kommt mir eine Geschichte in den Sinn, die mein Vater mir erzählt hat: Er ging mit seinem Vater, meinem Großvater, in ein Hotel in Nizza, wo auch Tschechow abstieg, ein sehr altes Hotel. Das war 1906, mein Vater war damals 14 Jahre alt, und mein Großvater gab dem Chefportier ein Paket Juwelen und sagte: «Können Sie das für mich in einen Safe legen?» Dann sind sie wieder abgereist, und aus lauter Respekt vor seinem Vater traute sich mein Vater nicht, auf die vergessenen Juwelen hinzuweisen. Nach Jahren, 1912, gingen die beiden wieder in dasselbe Hotel. Sie hatten kaum die Koffer abgestellt, da sagte mein Großvater zum Concierge: «Sie haben vor sechs Jahren Juwelen für mich in einen Safe gelegt.» Der Concierge öffnete den Tresor und gab Großvater die Juwelen zurück. Diese Verbindlichkeit war damals völlig normal. Heute würde man sagen: Pardon, aber wir räumen unseren Safe jedes Jahr, wir haben sonst keinen Platz. Es tut uns furchtbar Leid, wir wissen nicht, wo Ihre Juwelen geblieben sind.

Moderne Zeiten

Wenn ich über vergangene Zeiten spreche, möchte ich keineswegs einem onkelhaften Kulturkonservatismus das Wort reden. Dazu bin ich ein viel zu moderner Mensch. Ich finde es erfreulich, dass die Menschen sich heute viel stärker gegenseitig beeinflussen als je in der Vergangenheit, weil wir uns dank des Fernsehens und der neuen Medien viel näher gekommen sind. Und irgendwie gefällt es mir auch, dass man nie weiß, was als Nächstes passiert. Ich finde das faszinierend. Wir sind heutzutage wacher. Wir müssen stets auf dem Sprung sein. Die Menschen fangen an, sich so schnell wie möglich zu bewegen in einer Zeit, die rasend schnell geworden ist, viel zu schnell für unser menschliches Reaktionsvermögen.

Das geht mit allem so, mit den Informationen, auch mit den Kampfflugzeugen, um ein traurig aktuelles Beispiel zu nennen. Die werden nicht mehr von Menschen gesteuert, sondern funktionieren automatisch. Der Pilot sitzt da und weiß, wenn es zu schnell geht, wird er in Ohnmacht fallen. Er kann nichts mehr lesen oder dechiffrieren. Die Flugzeuge rasen so schnell aufeinander zu, dass Unfälle mit normalem Auge und normaler Reaktion beinahe nicht zu vermeiden sind.

Ich habe ein Radio-Interview mit einem Arzt und Militärexperten gehört, der selber Kampfpilot war. Er hat erklärt, dass die Männer in den Cockpits oft unter Drogen stehen. Unter den Piloten ist das kein Geheimnis. Piloten, die stundenlange Kampfeinsätze fliegen, Bomben abwerfen müssen, können das nur «high» aushalten. Sie machen sich aggressiv durch Drogen. Drogengehirne sitzen dann in diesen modernen computergesteuerten Apparaturen. So gewöhnen wir uns an das neue Tempo. Das menschliche Gehirn ist gerade deswegen ein Kunstwerk, weil es sich anpassen kann. Wir werden vielleicht in Zukunft Menschen haben, die mit einem Höchstgeschwindigkeitssensorium ausgestattet sind. Uns aber, die wir noch nicht so weit sind, fällt das neue Tempo schwer. Man weiß nie, was als Nächstes geschehen wird. Spätestens seit den Anfängen des Automobils ist das so. Deshalb erlebte man jetzt diese große Begeisterung für den Triumph der Segelyacht «Alinghi» beim America's Cup und für ähnliche Dinge. Da sind Menschen in Kontakt mit der Natur. Da herrschen auch große Geschwindigkeiten, aber humanere. Segeln ist eine Art freiwilliges Zurück in die Geschichte.

Man sieht in der französischen Schweiz oder in Frankreich überall Verkehrsschilder, auf denen «Adaptez votre vitesse!» steht. Meist befinden sich diese Schilder in der Nähe von Schulen. Man müsste eigentlich der gesamten Menschheit sagen: «Adaptez votre vitesse» – «Passen Sie Ihre Geschwindigkeit an!» Leben Sie langsamer! Das Tempo ist ein Thema, das mit dem Thema «Vorurteile» viel zu tun hat. Denn ab einem bestimmten Tempo haben wir keine Zeit mehr für den Zweifel, wir klammern uns an Vorurteile, weil sie bequem sind und uns wenigstens ein bisschen innere Sicherheit vorgaukeln.

Doch meine Warnung bedeutete nicht, dass ich für die altbackene Flucht in die Langsamkeit wäre. Man muss sehr schnelle Instinkte haben. Ich weiß, ich habe sie, diese schnellen Instinkte oder Intuitionen, ich habe investiert in solche Dinge. Zu einer Zeit, die weit zurückliegt, habe ich leidlich Tennis gespielt, am Netz aber war ich richtig gut, weil meine Reaktionen sehr schnell waren. Als ich 1990 «König Lear» spielte – da war ich schon beinahe siebzig Jahre alt –, fragte ich mich, ob es nicht schon zu spät für diese Rolle sei. Ich saß in einem Restaurant in Stratford in Kanada und dachte, vielleicht war das dumm von dir, diese Rolle anzunehmen. Denn für «König Lear» muss man zwar ein sehr gutes Verständnis für das Altsein haben, aber man muss auch jung genug sein, um die Energie für diese große Szene in der Heide aufzubringen. Und während ich so zweifelte, stieß ich ungeschickterweise ein großes Glas Wasser vom Tisch, fing es aber auf, bevor es zu Boden fiel. Das war reiner Instinkt, ich hatte keine Zeit nachzudenken. Da sagte ich mir: Wenn du das kannst, bist du noch jung genug und kannst auch den «Lear» spielen.

Ich glaube, dass die meisten Menschen statisch denken, oder wenn sie nicht statisch denken, so werden sie doch nach einer gewissen Zeit statisch. Im vorigen Jahrhundert und noch vor relativ kurzer Zeit war es möglich, konservativ zu sein, denn alles blieb mehr oder weniger, wie es war. Man ging von Anfang an mit einem genau abgemessenen Schritt durchs Leben. Die Dinge änderten sich zwar, aber nur sehr wenig und sehr langsam. Das Pferd gab den Takt an. Im Raketen- und Internet-Zeitalter können wir das Tempo kaum mehr kontrollieren.

Einzig in der Art und Weise, wie wir miteinander sprechen, glauben wir die Dinge noch lenken zu können. Deshalb ist die Diplomatie ein sehr hübsches, altmodisches Relikt, denn die Diplomatie ist ein Weg, nie die ganze Wahrheit zu sagen und sich damit die Möglichkeit offen zu halten, seine Meinung wieder zu ändern und dies dann noch elegant auszudrücken wie Talleyrand, Napoleons aufgeklärter Minister. Oder wie Metternich, der österreichische Gesandte. Wir kennen ja die fabelhafte Anekdote, wo Napoleon in Paris zu Metternich sagt: «Mir ist es völlig wurscht, wie viele Leute in meinen Schlachten sterben, und wenn es Millionen sein müssen.» Ich weiß nicht, was heute ein Politiker darauf antworten würde, Metternich hat gesagt: «Ich bitte um die Erlaubnis, das Fenster zu öffnen, Majestät, sodass ganz Europa Ihren Satz hören kann.» Das war noch Courage eines Diplomaten. Heute sind die Botschafter allerdings in der Regel ehrenwerte Leute ohne eigene Macht. Oberkellner, die sich hin und wieder setzen dürfen.

Das Tempo schafft auch manche menschliche Gepflogenheit ab. Es ist etwas anderes, ob ich eine E-Mail bekomme oder einen handgeschriebenen Brief. Man kann den Wandel bedauern, aber ist es sinnvoll, sich in den Schmollwinkel des Konservativen zurückzuziehen? Ich war sehr erstaunt, als ich einmal ein Fax aus dem Buckingham Palace bekam. Das war kurz nachdem ich das deutsche Bundesverdienstkreuz erhalten hatte. Das Fax stammte vom Sekretär der Königin. Er sagte mir, Ihre Majestät lasse wissen, dass sie sehr froh sei für mich, dass ich diesen hohen deutschen Orden bekommen habe. «Und hier ist unsere Erlaubnis, diesen bei allen Anlässen zu tragen.» Ich wusste nicht, dass es einer eigenen Erlaubnis für das Tragen von Orden bedurfte, obwohl ich eine ähnliche Erfahrung schon gemacht hatte: Mein erster Orden im Leben war ein jugoslawischer Orden, mit der Flagge drauf und goldenen Lorbeeren. Er war sehr hübsch, aber die Engländer waren dagegen, dass ich ihn bekomme. Sie waren beleidigt, weil ich ohne ihre Zustimmung einen jugoslawischen Orden angenommen hatte. Deswegen verstehe ich jetzt, warum ich ein Fax bekam aus dem Buckingham Palace. Ich habe nun also die hochoffizielle Erlaubnis Ihrer Majestät, der Königin – sogar, wenn ich will, auf meinen Pyjamas –, die Bundesehre in Gold zu tragen. Das finde ich sehr ulkig.

Ich halte kein Plädoyer für die Langsamkeit, für das Festhalten an guten alten Bräuchen und Gewohnheiten. Andere Zeiten mögen gemütlicher gewesen sein, aber diese beschleunigte, temporeiche Zeit ist *unsere* Zeit. Gewiss mag hier und da eine kleine Dosis Konservatismus und Bedächtigkeit am Platz sein, aber wenn ich zum Beispiel im englischen Unterhaus die Konservativen sprechen höre, hat es den Anschein, als habe sich in 150 Jahren nichts geändert. Sie reden wie Disraeli zu Zeiten der Queen Victoria, als ob dies immer noch die Wahrheit sei. Aber die Dinge haben sich sehr geändert seit der Mitte des 19. Jahrhunderts.

Natürlich ist es einfacher, die Welt statisch zu sehen. Aber die Welt ist im Fluss, wie die Jahreszeiten, wie die Landschaften. Nichts ist statisch in dieser Welt. Heute werden wir täglich bombardiert mit neuen Erfindungen, neuen Rekorden, leider auch neuen Katastrophen. Das verändert natürlich die menschliche Wahrnehmung. Marcel Proust war um 1900 noch von der revolutionären Entdeckung begeistert, dass sich ihm die Landschaft von einem fahrenden Eisenbahnzug aus anders darstellte als von einem Kutschbock bei der sonntäglichen Verdauungspromenade. Jetzt blickt man in den Himmel und sieht die «Columbia», wie sie in der Stratosphäre in tausend Stücke platzt. Dann erlebt man den «11. September», und man hat von solchen Schrecken so viel im Kino gesehen, dass man denkt, das müssen die nochmal drehen, das war wirklich nicht sehr gut, wie sie da reingeflogen sind in diese Türme. Es wirkt alles wie eine Animation, wie ein Trickfilm.

Über die Menschen im nächsten Tal

Es ist nicht leicht, über den Ursprung des Vorurteils zu spekulieren. Heutzutage zirkulieren die Nachrichten so rapide, und Ideen werden so schnell geformt, wie sie auch wieder abgelegt werden, dass dieses Tempo eigentlich gegen Vorurteile spielen müsste. Das war früher anders. Die Vergangenheit war jahrhundertelang wie ein großes, stilles Wasser, es ging alles viel langsamer vonstatten, träger. Deshalb hatten die Menschen Zeit, Vorurteile zu formen. Wenn sich nichts bewegt, entstehen Traditionen, und eine Tradition ist schon eine Art von Vorurteil, wenn sie auf einer militanten Idee beruht oder sich unfreundlich und aggressiv gibt. Wenn wir sagen, all die Leute im nächsten Tal sind dreckig, und man nie die Möglichkeit hat, ins nächste Tal zu gehen, dann wird das Ganze zum Dogma. Wir können sie gar nicht mehr anders als dreckig wahrnehmen, sollten wir uns denn zufällig einmal ins nächste Tal verirren. Die

Einbildung wird zur Realität. Früher hatten wir nicht die Möglichkeit, uns gegenseitig über die Täler hinweg kennen zu lernen. Diese Immobilität hat für die Produktion von Vorurteilen und nationalen Stereotypen gesorgt. Die Geschichte der Menschen wurde zu einer Geschichte der nicht nur gedachten Grausamkeiten.
Heutzutage jedoch sind wir grausam auf einer ganz anderen Ebene. Wir bemerken das kaum. Aber vor kurzem noch, als die Leute die abstruse Idee hatten, die Miss World in Nigeria zu wählen, und der Protest gegen dieses «Event» zweihundert Tote kostete, merkten die Veranstalter zu spät, dass dies keine gute Idee gewesen war. Man riskiert ständig, aus Ignoranz etwas zu tun, dessen Folgen man nicht absehen kann: dass es zum Beispiel gewisse Menschen in Wut bringen kann, weil eine Miss-Wahl mit halb nackten Damen gegen ihre Tradition ist. Wie konnte man für eine solche Veranstaltung ein Land auswählen, in dem man Frauen steinigt, die ein uneheliches Kind haben? Mit dem zusätzlich grässlichen Kalkül, dass die Ankläger mit der Steinigung warten, bis das Kind der unglücklichen Frau alt genug ist, um von einer anderen adoptiert zu werden.

Vorurteile und «political correctness»

Welche also könnten die ersten Vorurteile gewesen sein? Wir haben im Christentum ja die Vorstellung von der Frau, die aus der Rippe des Mannes geboren wurde. Dies ist eines der ältesten Vorurteile. Und wir haben, wie gesagt, bei den Griechen die Vorstellung, dass alle, die nicht die eigene Sprache sprechen, Barbaren sind. Ein Vorurteil, das andere, spätere Völker aufgenommen haben: Die Geschichte erscheint als eine Geschichte von Vorurteilen.

Andererseits ändern sich die Vorurteile, und manche verschwinden ganz. Dass ein Mann schwanger geworden sein soll, irgendwo zwischen seinen Rippen, halte ich für grotesk, und ich glaube, jedem, den man heute dazu befragt, ginge es ähnlich wie mir. Die meisten Menschen auf dieser Welt haben wahrscheinlich nie etwas so Abstruses gehört. Kein Grieche sagt mehr, die Bulgaren sind Barbaren, nur weil sie Bulgarisch sprechen, und kein Mensch glaubt mehr – bis auf wenige Verrückte –, dass der erste Mann und Mensch mit einer Frau schwanger ging.

Interessanterweise können Vorurteile recycelt werden. Die biblische Vorstellung von der Frau als einem zweitrangigen Wesen findet sich ja auf säkularisierte, verweltlichte Weise wieder, wenn mancher noch heute behauptet, Frauen seien weniger intelligent als Männer, arbeiteten schlechter und dergleichen Unsinn mehr. Und mit den Barbaren ist es ähnlich: Mancher kann sich einem Araber nicht nähern, ohne gleich an Islamismus, Fundamentalismus und Terrorismus zu denken. Nur: Kein halbwegs gebildeter Mensch würde heute noch wagen, von der untergeordneten Rolle der Frau oder vom Barbarentum der Araber zu schwadronieren. Warum? Weil es jetzt «political correctness» gibt, eine scheußliche Phrase, aber ich bin dankbar für diese Phrase, weil sie zeigt, dass Vorurteile inzwischen sehr ernst genommen werden: Vorurteile, die man früher gar nicht als solche wahrgenommen hat.

Mit dieser Entwicklung bin ich sehr zufrieden. George Bush mag vielleicht ein antiarabisches Vorurteil haben, aber er darf es nicht mehr laut verkünden, er muss immer wieder betonen, dass er den Irakern helfen will, und er muss auch sonst allerlei rhetorische Regeln der «political correctness» befolgen. Was George Bushs wirkliche Meinung ist, weiß ich nicht, aber ich kann es mir vorstellen.

Frau Ustinov in der Kaserne

Das Phänomen «political correctness» zeigt, wie schon gesagt, dass man Vorurteile jetzt ernst nimmt. Damit sind sie natürlich noch nicht aus der Welt, aber es ist dafür gesorgt, dass man nachdenkt, bevor man den einen oder anderen Unfug sagt. Und dass man sich nach dem Ursprung der Vorurteile fragt. Wie konnte zum Beispiel die Vorstellung von der Unterlegenheit der Frau entstehen? Einer der Gründe könnte darin liegen, dass der Mann über das «positive» Organ verfügt, das heißt: Es bewegt sich und kontrolliert den Verkehr wie ein Polizist, während die Frau relativ passiv ist. Sie ist die Empfängerin, er hat die Initiative. So wollte es zumindest die Tradition, in der sich die Frauen den Männern physisch unterlegen fühlten. Erst mit der Zeit haben wir gelernt, unser Primatentum zu verfeinern; das Verhältnis zwischen den Geschlechtern ist subtiler geworden – und hält einige Überraschungen bereit. Da ist diese beachtliche junge Frau, die vor kurzem allein auf ihrer Yacht über den Atlantik gesegelt ist und alle männlichen Konkurrenten geschlagen hat. Manchmal tauchen Vorurteile allerdings wieder auf, wo man sie bereits für überwunden hielt. Man denke an diese amerikanische Soldatin, die von ihrer männlichen Hierarchie respektiert wurde, obwohl man sie für lesbisch hielt, für eine «Amazone». Sie bekam erst Schwierigkeiten mit der U.S. Army, als sie weggelaufen ist mit einem verheirateten Offizier. Die Leute hatten die Soldatin akzeptiert, weil sie glaubten, sie sei lesbisch und somit keine «richtige» Frau. Es gibt sicher heute noch viele Offiziere, die meinen, für Frauen sei kein Platz in der Armee. Ich glaube, dass für niemand Platz ist in der Armee.

Als ich zum ersten Mal verheiratet war, wurde ich zum Wehrdienst eingezogen. Meine damalige Frau war auf Tournee, mit einem Theaterstück namens «Rebecca», aber für einen Tag kamen wir zusammen. Ich hatte ein Ein-Zimmer-Apartment mit einem Bad und einer kleinen Küche in einem großen Wohnblock, und dort hat mich meine Frau besucht. Am nächsten Morgen zitierte mich der Hausmeister zu sich und sagte mit einem Grinsen: «Sie hatten gestern Abend eine Frau auf ihrem Zimmer …» – «Ja», habe ich gesagt, «das war *meine* Frau.» – «Ach so! Hören Sie, Sie können das wieder machen, wenn Sie wollen, aber Sie sollten niemandem sagen, dass es *Ihre* Frau war.»

Sklavereien

Natürlich hat sich unsere Einschätzung, was wir für Vorurteile halten, im Laufe der Jahrhunderte geändert. Manches ist uns erst allmählich als Vorurteil bewusst geworden, und auch die Vorurteile haben sich geändert. Dieses Vorurteil legt neue Gewänder an, jenes verschwindet und taucht – wer weiß – plötzlich wieder auf. Man kann also, mit Blick auf die Geschichte, nicht von *dem* Vorurteil sprechen. Würde heute ein weißer Mann sagen, Schwarze seien Menschen zweiter Klasse, würde das selbstverständlich jeder für ein schreckliches Vorurteil halten. Das war nicht immer so. Oder ein verwandtes Beispiel: die Sklaverei. Hat es Zeiten gegeben, in denen die Sklaverei so selbstverständlich war, dass auch Köpfe wie Aristoteles und Platon sie verständlicherweise akzeptierten, oder dürfen wir sagen: Das hätte man schon damals als Irrtum, als Vorurteil gegen Menschen erkennen müssen? Ich weiß es nicht; ich glaube, Sokrates

dürfte die Sklaverei schon als einen Irrtum betrachtet haben, deshalb hat es mit ihm auch so ein unschönes Ende genommen, allerdings erst, als er schon über siebzig war.
Man kann bei den Vorurteilen einen gewissen Evolutionsprozess beobachten. Solange man in Europa die Afrikaner nicht wirklich kannte, war man offen für allerlei Vorurteile über den «schwarzen Mann». Das ist ähnlich wie bei den Menschen im nächsten Tal. Wenn einem dann noch von vermeintlich klugen Köpfen beigebracht wurde, dass man sich vor den Wilden in Acht zu nehmen habe, dass sie die falschen Götter anbeten, dass man sie zivilisieren müsse und ihnen, falls sie nicht von uns lernen wollten, in Gottes Namen den Kopf abhauen dürfe, dann fand man sich in seinen Vorurteilen aufs nachdrücklichste bestätigt. Und dies für lange Zeit, trotz Montaigne im 16. Jahrhundert und den vielen Aufklärern und Philanthropen des 18. Jahrhunderts, die den «guten Wilden» entdeckten (womöglich ein anderes, ein positives Vorurteil) und auch den Toleranzgedanken aufbrachten. Selbst die Franzosen, die doch immerhin 1789 die große Revolution im Namen von Freiheit, Gleichheit und Brüderlichkeit unter den Menschen erlebt hatten, schufen die Sklaverei in ihren Kolonien erst Mitte des 19. Jahrhunderts offiziell ab.
Natürlich ist es leicht, diejenigen, die vor uns lebten, als rückständig zu belächeln. Aber in einem Kopf war (und ist) oft gleichzeitig Platz für erschreckend Hinterwäldlerisches und erstaunlich Modernes. Vor gar nicht so langer Zeit, im England des großen Schriftstellers Charles Dickens, gab es zum Beispiel Richter, die als Familienväter sehr liebevoll mit ihren Kindern umgehen konnten – Weihnachten gibt es immer reichlich Geschenke, und es vergeht kein Abend ohne einen zärtlichen Gutenachtkuss –, die aber, wenn sie einmal ihre Amtsrobe übergeworfen hatten und den Ge-

richtssaal betraten, keine Sekunde zögerten, ein zwölfjähriges Mädchen ins Gefängnis zu werfen oder sogar aufhängen zu lassen, weil es ein Portemonnaie mit 14 Shilling darin gestohlen hatte. Und hätte man sie daraufhin, wie wir es heute tun würden, zur Rede gestellt, so hätten sie sich über eine solche Frage wohl sehr gewundert: Um Gottes willen, was wollen Sie denn? Das Mädchen hat eine Geldbörse gestohlen, und die war nicht leer! Das erscheint uns heute als ein Beispiel entsetzlicher Hartherzigkeit. Kinder, die aus Not stehlen, sind in unserer Sicht Opfer einer schlecht funktionierenden Gesellschaft. Aber ein solches Konzept hatte im Horizont unseres Richters noch keinen Platz. Er konnte die sozialen Ursachen des «Verbrechens» noch nicht erkennen. Für ihn war ein stehlender Mensch in jedem Falle ein bösartiger Mensch, der mit der ganzen Härte des Gesetzes bestraft werden musste. Dies war sein Vorurteil und leider auch sein Urteil.

Gedankenpolizei

Um auf Dickens zurückzukommen, so muss man sagen, dass er mit so wunderbaren Romanen wie «Oliver Twist», «David Copperfield» und seinen «Weihnachtserzählungen» schon ein ganzes Stück weiter war als die Richter, die er auftreten lässt. Zumindest hat er in seinen Werken die Armen vor den Vorurteilen der Reichen in Schutz genommen. Er war wirklich visionär. In Deutschland gilt das in gewisser Weise für Gerhart Hauptmanns «Weber», in denen er das Elend der Arbeiter in den schlesischen Fabriken beschreibt. Für Russland müsste man Gogol, später Gorki und auf jeden Fall Dostojewski nennen, dessen Humor und Komik leider immer etwas unterschätzt werden. Das liegt wohl an seinen bitterernsten Sujets.

In Frankreich haben wir Émile Zola, der sich als Romancier ähnlich wie Dickens mit der sozialen Frage beschäftigt hat und sich als äußerst couragierter Intellektueller für die Rehabilitierung des zu Unrecht wegen angeblichen Landesverrats verurteilten Hauptmanns Alfred Dreyfus eingesetzt hat – auf den ich im Kapitel «Juden und Christen» noch einmal zu sprechen komme. Zolas berühmter Zeitungsartikel mit dem fulminanten Titel «J'accuse!» vom Januar 1898 ist auch heute noch ein unübertroffenes Dokument für ein furchtloses Engagement gegen Vorurteile. Weniger bekannt ist ein Buch, das Zola über die hohe Kochkunst verfasst hat und auf das ich neulich in einem Antiquariat stieß. Es heißt seherisch: «Bocuse!»

Ähnliche Wirkung wie Zola hat zuvor wohl nur ein Voltaire erzielen können, als er sich im 18. Jahrhundert in der «Affaire Calas» über einen Justizskandal empörte, in dem ein Mensch zum Tode verurteilt und hingerichtet wurde. Angeblich sollte dieser einen Mord begangen haben, in Wirklichkeit bestand sein ganzes Vergehen darin, ein Hugenotte, also ein Protestant zu sein. Das ist das Entsetzliche: In der Geschichte der Menschheit sind immens viele Menschen getötet und gefoltert worden, weil sie nicht das «Richtige» *dachten*, nicht orthodox oder linientreu waren; nur relativ wenige sind umgebracht worden für das, was sie *getan* haben. Der schlimmste Terror, den es gibt, ist der Terror der Gedankenpolizei. Er ist in der Literatur nicht nur von George Orwell beschrieben worden.

Le Duc de Limonade
und Le Duc de Marmelade

Wir sind noch nicht weit genug vorangekommen in der Geschichte, um zu begreifen, dass jedes Mal, wenn ein Wissenschaftler eine Tür öffnet, sich noch zwei weitere Türen, die man bis dahin nicht bemerkt hat, dahinter verbergen. Jetzt sind es Tausende von Türen, die noch nicht geöffnet sind, bei den alten Griechen waren es vielleicht nur zehn. Natürlich denken Menschen, die von den Errungenschaften ihrer Epoche hellauf begeistert sind, dass der Tag nahe ist, an dem wir alles wissen werden. Aber das ist unmöglich. Wir werden immer wieder neue Türen zu öffnen haben, die den Blick auf andere Türen öffnen. Das ist wirklich kafkaesk, obwohl der arme Joseph K. schon an einer Tür scheiterte.

Ein Vorurteil zu haben bedeutet, in irgendeiner Weise die Menschenwürde eines anderen zu verletzen. Ich spreche nicht von den harmlosen oder witzigen Vorurteilen, sondern von den schlimmen. Nun könnte man aber fragen: Was ist das, die Menschenwürde? Nicht in jeder Gesellschaft würde man sich auf dieselbe Ethik einigen können. Unter dem Ajatollah Khomeni wurden im Iran zwölfjährige Kinder hingerichtet wegen nichts, weil die Geistlichen ein zwölfjähriges Mädchen für schuldfähig hielten. Was man in solchen Diskussionen wohl verstehen muss, ist, dass die Völker sich in verschiedenen Phasen ihrer Evolution befinden, dies aber zur selben Zeit. Das ist nach einem Begriff des Philosophen Ernst Bloch die Gleichzeitigkeit des Ungleichzeitigen. Präsident Mugabe, dessen Ansichten auch viele seiner Landsleute absurd finden, vertritt jetzt die Auffassung, dass die Erde in Simbabwe den Afrikanern gehört, und wenn die Engländer nun sagen: Ja, aber wir sind schon seit einer gewissen Zeit hier, wir haben's gekauft, es ist unser Land, dann nützt ihnen das wenig. Es hat schon den Indianern in Amerika nicht geholfen. Es hat auch in anderen Fällen nicht geholfen. Ich glaube, Mugabe handelt mit derselben Brutalität wie früher Bokassa in der Republik Zentralafrika. Bokassa hatte einen Thron mit einem Adler darauf, er war in einer französischen Schule in Zentralafrika gewesen und hatte dort sehr viel über Napoleon gelernt. Deshalb hat er sich auch Kaiser genannt, nicht König, was nun wirklich blödsinnig war. Er wollte seinem «Imperium» eine wahre Majestät verleihen, doch das misslang bekanntlich.

Das erinnert an die Anfänge von Haiti, einem sehr interessanten Land. Haiti ist die erste unabhängige schwarze Republik der Welt. Haiti hatte sich von Frankreich losgelöst während der Revolution. Die Haiti-Flagge ist rotblau, sie haben das Weiß rausgenommen und die zwei Enden zusammengenäht, das ist nun die Haiti-Flagge. Dann hat der König, Le Roi Cristophe, versucht, einen Hofstaat aufzubauen, nach französischen, aber auch englischen Regeln, denn Englisches imponierte ihm sehr. Er hat also zwei Erzherzöge und einen Großherzog ernannt, das war der ganze Hofstaat in seinem Palast, der jetzt eine Ruine ist, aber seinerzeit beeindruckend gewesen sein muss. Das alles ist von einfachen schwarzen Leuten errichtet worden. Merkwürdig wie die Pyramiden, ganz verrückt. Und die zwei Herzöge hießen Le Duc de Limonade und Le Duc de Marmelade. Dazu gab es zwei Dörfer und die Güter der beiden Herzöge. Marmelade gehörte die eine Hälfte eines Teiches und ein Stück von einem Tal und Limonade die andere. In der Mitte lag ein kleines Dorf, das hieß Saltrou, Dreckloch. Dort verlief die Grenze zwischen den

zwei Herzogtümern. Der Großherzog nannte sich Grand Duc de Dondon. Das war eine sehr bewegte Epoche in der Entwicklung von Haiti, die 1820 mit dem Selbstmord von Cristophe endete. Viele Jahre später hat eine haitianische Brigade auf Seiten der Nordstaatler in den amerikanischen Sezessionskrieg eingegriffen. Die Haitianer hatten es den von England unterstützten Konföderierten übel genommen, dass die Schwarzen so schlecht behandelt wurden auf den großen Baumwollplantagen.
Ich war einmal in Haiti. Im Dorf Leopane war ich zu einem Fest eingeladen, und auf einmal tanzten die Leute eine Mazurka, mit polnischer Musik. Das mitten in einem Dorf in der Karibik! Haiti ist eines der ärmsten Länder der Welt und irgendwo im 18. Jahrhundert stecken geblieben. Doch viele Leute dort sind sehr kluge Menschen. Ich war mit einem neugeborenen Kind angereist, meiner zweiten Tochter, und wir brauchten steriles Wasser für sie. Ich ging zur Apotheke, und da war eine alte schwarze Dame. Was sie verkaufte, war keine Medizin, wie wir sie kennen, sondern sie hatte ein Sammelsurium von alten Büchsen aus dem 18. Jahrhundert um sich, große Behälter mit Pulvern und Kräutern. Die Dame fragte: «Was wünschen Sie?» Ich erklärte, dass ich steriles Wasser bräuchte. – «Ah, dann werde ich den Apotheker rufen. Doktor Talleyrand!» So schaut es in einem Land aus, dessen Unabhängigkeit bis ins 20. Jahrhundert Modell und Fanal für viele andere blieb. Die Leute dort sind sehr stolz und sehr empfindlich, auch wenn die Amerikaner heute immer wieder einmal reingehen, um Ordnung zu schaffen. Es ist das Gleiche wie im Irak, aber Haiti liegt direkt vor der Haustür, sodass sich niemand wirklich für dieses Land interessiert. Nur Jimmy Carter, der geht dahin. Leider sind nicht alle Amerikaner wie er.

Mussolinis Helfer

Die Geschichte, die ich jetzt erzählen will, hat auf versteckte Weise auch mit Vorurteilen zu tun. Sie stammt aus dem Stoff zu einer meiner Novellen und spielt am Tag, nachdem man Mussolini aufgehängt hat in Norditalien. Bei gleicher Gelegenheit hatte man einen anderen Gefangenen gemacht, der als Frau verkleidet war. Die Partisanen lachten, als man ihm die Kleider heruntergerissen hatte. Doch dann gefror ihr Lachen, weil sie sahen: Es war Mussolinis Propagandaminister. Nun sitzt dieser allein in einer kleinen improvisierten Gefängniszelle, mit einem Stuhl und einem Eimer, und er weiß, dass er erschossen werden wird. Als Italiener fühlt er sich sehr erniedrigt, weil man ihn in Frauenkleidern geschnappt hat, und er verbringt seine Zeit damit, seine letzten Augenblicke, seinen letzten großen Auftritt zu proben. Er sagt sich: Sie werden sicher kommen und meine Augen verbinden wollen. Ich werde nein sagen, nein ... Oder wäre es vielleicht besser, wenn ich nichts sage? Er denkt immer noch wie der Propagandaminister, der er war. Und er versucht, sich den letzten Augenblick vorzustellen. Ich werde sicher mit meinen Händen hinter dem Rücken an einen Pfahl geschnallt, und dann werde ich die Möglichkeit haben, dem Kommando, das mich erschießen wird, ins Gesicht zu schauen ... Da betritt ein junger Partisan die Zelle und sagt: «Ja, was sollen wir mit Ihnen machen? Ich weiß es noch nicht, die anderen hat man alle erschossen, aber man hat sie gleich erschossen, nachdem sie identifiziert waren, und ich glaube, das war, unter uns gesagt, ganz richtig, da verliert man nicht so viel Zeit, und außerdem war es nur gerecht. Aber mit Ihnen, ich weiß nicht, man erzählt, dass wir die Leute nicht mehr automatisch erschießen können, weil das alliierte Hauptquartier angekommen ist ... Wollen

Sie ein Glas Wasser, oder kann ich Ihnen anders behilflich sein?» – «Nein, Sie brauchen mir nur zu sagen, wie das vor sich geht, wenn man erschossen wird.» – «Es ist ganz einfach, wir binden Ihnen die Augen zu.» – «Ja, ja, sie verbinden einem die Augen, aber ich werde das nicht zulassen!» – «Tja, ich kann nichts dazu sagen, ich kann darüber nicht entscheiden. Nur so viel: Man wird Sie wohl vor ein Erschießungskommando stellen.» – «Das sagen Sie! Aber die anderen hat man alle auf einen Küchenstuhl gesetzt, mit dem Rücken zum Kommando, und dann angebunden.» – «Und in den Rücken geschossen?» – «Ja, man hat allen in den Rücken geschossen!» – «Nein, das kann ich mir auf keinen Fall vorstellen. Sie werden sehen.» – «Und wann passieren solche Sachen?» – «Frühmorgens, letzte Zigarette, letztes Gebet und so weiter ...» Der Exminister will alles ganz genau wissen. Später kommt ein anderer Partisan: «Wissen Sie, ich bin eigentlich kein richtiger Partisan, in meiner Familie sind wir alle Kommunisten, ich will zurück zu meiner normalen Arbeit. Der Tod der Faschisten ist mir total wurscht. Sie brauchen mich nicht nach meiner Meinung zu fragen. Ich hole Ihnen Wasser, wenn Sie Wasser brauchen, ein Sandwich, wenn Sie ein Sandwich wollen, aber mehr nicht. Ich habe diese ganze Geschichte satt.»
Am nächsten Tag erscheint der junge Partisan wieder. Jetzt fangen die Dinge an, unangenehm zu werden. «Ich wollte Sie erschießen, das müssen Sie glauben. Heute Morgen wollte ich es machen, ohne Ihnen vorher Bescheid zu geben, aber jetzt geht alles schief. Die Alliierten sind schon eingetroffen, und jetzt können wir die Leute nicht mehr ohne Gerichtsverfahren erschießen. Das heißt, die Sache wird monatelang dauern, und am Ende werden Sie doch füsiliert. Das wird eine unangenehme Zeit für Sie im Gefängnis, und wenn Sie dann endlich vor dem Kommando

stehen, werden Sie bedauern, nicht schon heute Morgen erschossen worden zu sein.» Dann ergänzt er: «Da ist übrigens ein Herr, der will Sie sehen.» – «Ein Mann, der mich sehen will, wer ist es?» – «Ich weiß es nicht, aber ich glaube ...»
Ein Mann kommt in die Zelle, mit weißen Haaren, sehr krank aussehend, und sagt: «Erinnern Sie sich noch an mich? Ich bin noch ein bisschen schwach auf den Beinen, denn ich komme gerade aus dem Gefängnis, ich saß sechs Jahre ein, mir ist diese Atmosphäre hier sehr vertraut. Würden Sie bitte so nett sein, mir einen Stuhl anzubieten? Ich kann nicht sehr lange stehen.» – «Ja, nehmen Sie Platz, wo Sie wollen.» – «Nein, nein, Sie sind hier zu Hause, Sie müssen mir schon einen bestimmten Platz anbieten.» – «Nehmen Sie, was Sie wollen, mir ist vollkommen wurscht, wo Sie ...» – «Dann darf ich mich auf den Eimer setzen.» Und er setzt sich auf den Eimer. «Ah, so ist es schon viel besser. Nun, ich hatte Sie gefragt, ob Sie mich noch kennen, wir waren zusammen in der Schule.» – «In der Schule?» – «Ja, und Sie haben mich einmal aus einer dummen Situation gerettet, und ich wollte Ihnen so kurz vor dem Ende noch dafür danken, dass Sie das damals getan haben. Vorher hatte ich leider keine Gelegenheit dazu. Oh, wir kannten uns nicht sehr gut. Wir hatten nicht viel Kontakt. Ich habe mich in der Schule oft lächerlich gemacht, ich war noch sehr jung, wie Sie auch, und ich war immer in irgendwelche Mädchen verliebt.» – «Sie waren dauernd verliebt?» – «Ja, ich hatte eine nach der anderen, und ich ... Gott sei Dank bin ich dann etwas vernünftiger geworden. Aber können Sie sich wirklich nicht erinnern? Ich hatte sehr dichtes, rotes Haar, was jetzt noch übrig bleibt, ist vollkommen weiß. Die anderen Kinder haben sich über mich damals lustig gemacht, sie haben mich den liebeskranken Juden genannt.

Ja, ich bin Jude, deshalb war ich gerade für sechs Jahre im Gefängnis. Vielleicht sagt Ihnen mein Name etwas, ich bin, ohne falsche Bescheidenheit, oder besser: ich *war* wohl der größte Rechtsanwalt in ganz Italien, bis die Faschisten mir alles genommen haben. Ich bin der Avvocato Manasse.» – «O ja, jetzt erkenne ich Sie!» – «Ich wollte noch fragen, Sie waren doch Propagandaminister …» – «Ja.» – «Würde es Sie interessieren, wenn ich Ihre Verteidigung übernähme?» – «Das ist mir gleich, ich weiß, dass man mich so bald wie möglich erschießen wird. Ich habe dieses ganze Affentheater satt.» – «Ich verstehe Sie, Ihr Leben ist gewiss bitter, obwohl mein Leben vielleicht noch etwas bitterer war. Ich möchte nur sagen, ich bin es nicht gewohnt, meine Fälle zu verlieren. Ich kann Ihnen versichern: Wenn ich Sie verteidige, werden Sie gewinnen und mit dem Leben davonkommen. Es ist Ihre Wahl.» – «Was heißt hier Wahl? Ich war auf alles vorbereitet, aber nicht auf eine Wahl. Was wollen Sie von mir?» – «Ich will gar nichts von Ihnen, ich will Ihnen nur eine kleine Annehmlichkeit bereiten und Ihnen zurückzahlen, was Sie damals für mich in der Schule getan haben, ich bin dafür auf immer dankbar. Die anderen Jungen waren danach nie mehr unfreundlich zu mir.» – «Ich habe doch keine Wahl, ich bin nicht mein eigener Herr, ich weiß nicht, was passieren wird.» – «Ich kann Ihnen Ihr Leben anbieten.» – «Aber warum tun Sie das?» – «Ich tue es, weil ich glaube, dass dies die einzige Form von Rache ist, auf die ich mich wirklich verstehe: Sie zu verteidigen, ohne dafür bezahlt zu werden.» Grußlos verlässt er die Zelle, woraufhin der ehemalige Propagandaminister Mussolinis zusammenbricht.

Über Christen

Zurzeit küsst der römische Papst in einem sehr ehrbaren, ökumenischen Bemühen die ganze Zeit irgendwelche Bischöfe und andere Geistliche, die in phantastische und exotische Gewänder gehüllt sind. Gewänder, die man aus der katholischen Kirche gar nicht kennt. Aber alle diese Leute küssen und umarmen sich wie verlorene und wiedergefundene Brüder, was sie in gewissem Sinne ja auch sind. Der Papst will die Christenheit, die *ganze* Christenheit zusammenführen. Und da steht der Kardinal Ratzinger auf und sagt, er sei zwar überzeugt, dass der Heilige Vater Recht habe, aber man müsse auch sehen, dass die römische Kirche die Mutter all der anderen Kirchen sei. Das zerstört natürlich alles, was der Papst im Sinn hat, denn das heißt: Kinder, wir haben nichts dagegen, dass ihr Fußball spielt, aber nur unter einer Bedingung: Ihr müsst euch unsere Trikots überziehen, mit unseren Farben, Gelb und Weiß!

Meiner Meinung nach ist das ein kolossaler Quatsch. Es gibt mindestens zwei andere alte christliche Religionen, die beide sagen können: Moment! Rom ist nicht die einzige alte Kirche. Das sind die armenische und die äthiopische Kirche. Die äthiopische beruft sich auf die Königin von Saba und Salomon, die armenische Kirche in Eriwan verehrt die Frau von Pontius Pilatus als eine Heilige. Sie muss wohl einiges getan haben für die Christen. In der äthiopischen Kirche geht man noch einen Schritt weiter. Da ist sogar Pontius Pilatus selbst ein Heiliger, und wenn man fragt, warum, dann antworten die äthiopischen Priester: Ohne ihn gäbe es keine Geschichte. Wäre er nicht gewesen, sähe die Sache ganz anders aus. Das ist sowohl theologisch als auch historisch eine höchst interessante Angelegenheit. Was wären die christlichen Religionen ohne Golgatha? Nicht auszudenken! Und an dieser allerheiligsten Sache hat Pontius Pilatus einen entscheidenden Anteil. Also ist er selbst auch heilig. Das erinnert mich an eine fabelhafte Geschichte von Anatole France, wo Pontius Pilatus im Ruhestand ist und mit einem Aperitif in der Hand auf Capri sitzt und jemand ihn fragt: «Wir sind längere Zeit unterbrochen worden. Was ist eigentlich aus diesem Juden geworden, den man ans Kreuz genagelt hat, da waren noch zwei Räuber dabei?» Pontius Pilatus: «Ach, wissen Sie, das fragen so viele Leute, ich höre schon nicht mehr hin.» Das wäre der richtige Standpunkt.

Segeln

Es ist sehr amüsant, sich mit den Religionen der Welt zu beschäftigen, weil sie alle sehr kuriose Dogmen haben. Es ist allerdings weniger amüsant, wenn die Religionen die Menschen zu bestimmten Lebensformen zwingen, die gar nicht komisch sind. Die Religionen sind Produzenten von Vorurteilen, weil sie auf Dogmen beruhen, weil sie geschlossene Systeme sind. Dogmen haben politisch immer in den Bankrott geführt. Die Sowjetunion ist zusammengebrochen, weil sie auf Dogmen beruhte. Die Ideologie war nicht beweglich genug, um mit dem Leben einen Kompromiss einzugehen.
Ich schaue mir gern den Admiral's Cup an. Man weiß unter Seglern ganz genau, dass ein Mast, der zu stramm ist, zerbrechen wird. Aber wenn er sich jeden Tag den Wetter- und Windbedingungen anpasst, nachgibt, elastisch ist, bleibt er unversehrt. Dogmen sind zu stramm, unter gewissen Windbedingungen müssen sie brechen. Das Pariser Stadtwappen ist eines der philosophischsten, die ich kenne. Es zeigt ein

Schiff auf See und einen Spruch: «Fluctuat nec mergitur.» – «Es schwankt und geht nicht unter.» Oder mit anderen Worten: *Weil* es schwankt, geht es nicht unter. Alle starren Gesellschaften sind zum Untergang verdammt, und das hat auch der Papst bemerkt. Er ist neuerdings flexibler und reagiert auf den Wind. In Südamerika zum Beispiel herrschen für die Kirche ganz andere Bedingungen. Dort kann man nicht von polnischen Voraussetzungen ausgehen. Aber das Problem löst sich jetzt im Grunde von allein. Die Gläubigen haben die Sache selbst in die Hand genommen. Sie sind viel undogmatischer, zumindest im christlichen Europa, wo die Idee der Ökumene sehr stark ist.
Und die Frauen in der katholischen Kirche? Ich habe nie verstanden, warum Frauen nur Oberin von einem Kloster werden können. Warum sollen sie nicht Erzbischöfe sein? Ich glaube, dass Frauen ein Gewinn wären für die Kirche, wenn wir denn eine Kirche brauchen. Aber noch mehr glaube ich, dass man sich wie ein idealer Christ benehmen kann, ohne an eine bestimmte Kirche zu glauben.

Juden und Christen

Wie sollte man über Vorurteile schreiben, ohne über eines der ältesten Vorurteile in der europäischen Geschichte zu sprechen? Über das Verhältnis von Juden und Christen. Über Rolle und Schicksal der Juden in Europa sind inzwischen ganze Archive und Bibliotheken zusammengetragen worden. Tausende von Büchern, Abertausende von Dokumenten – und jedes einzelne ist ein Argument gegen die Dummheit, gegen das Vorurteil. Man hat mir das Buch des Philosophen Hans Mayer zu lesen empfohlen, das er den Außenseitern in der abendländischen Geschichte gewidmet hat. Hans Mayer wusste, wovon er sprach: Er war Deutscher, aber er war auch ein deutscher Jude, ein Kommunist, ein Homosexueller. Und das alles in Zeiten, in denen schon eine dieser Eigenschaften ausreichte, um ins KZ zu wandern.

Das christliche Vorurteil über die Juden geht auf diese leidige Kreuzigung zurück, welche die Christen den Juden nicht haben verzeihen wollen. Aber was heißt hier verzeihen? Die Kreuzigung war, wenn ich mich recht erinnere, doch zunächst eine interne Angelegenheit unter Juden. Bestenfalls Pontius Pilatus, der römische Statthalter und bekanntlich auch kein Christ, hat sich entscheidend eingemischt. In der Folge sind die Juden von den Christen im Laufe der Jahrhunderte ausgegrenzt worden. Sie durften am gesellschaftlichen Leben nicht teilnehmen. Seit Jesus die Händler aus dem Tempel vertrieben hatte, waren ihnen nur Geschäfte erlaubt: Sie durften Geldgeschäfte machen, und selbst daraus hat man ihnen später noch einen Strick gedreht. Vor der Französischen Revolution mussten die jüdischen Einwohner von Straßburg gelbe Sterne auf der Brust tragen. Die Nazis haben diese Entmenschlichung dann perfektioniert.

Doch gab es auch Hoffnung. Mit der Französischen Revolution siegte die allgemeine Erklärung der Menschenrechte und in deren Gefolge die Emanzipation der Juden. Nicht nur in Frankreich, sondern besonders auch in Preußen. Das war zu Ende des 18. und zu Beginn des 19. Jahrhunderts ein großer Fortschritt im Namen der Aufklärung. Dann aber, mitten im wissenschaftsgläubigen Zeitalter, der brutale Rückschlag. Erst ein leises Grollen – wie in den Schriften Gobineaus oder der Musik Richard Wagners –, dann ein fürchterlicher Blitz, die Dreyfus-Affäre in Frankreich in den neunziger Jahren des 19. Jahrhunderts. Das einzige «Verbrechen» des sonst untadeligen Hauptmanns Dreyfus war es, im reaktionären Milieu des damaligen französischen Heeres ein Jude zu sein. Damit wurde Dreyfus zum ersten prominenten Opfer eines Vorurteils, das im Laufe des 20. Jahrhunderts zu einer entsetzlichen Massenvernichtungswaffe wurde: Er war ein Opfer des modernen Antisemitismus. Aber Frankreich hat dem Übel schließlich aus eigener Kraft entgegenwirken können. Außerdem traf es damals noch einen unglücklichen Einzelnen, die «Affäre» war noch kein Pogrom, wie es sie andernorts gab.

Es ist sonderbar und geradezu tragisch, wenn man die Entwicklung in den Ländern betrachtet, in denen die jüdische Minderheit mit den christlichen Religionen der mehrheitlichen Bevölkerung viel enger verwoben war: in Russland, in Polen oder in Deutschland; bei Orthodoxen, bei Römisch-Katholischen, bei Protestanten. Ausgerechnet dort ist die üble Saat des Antisemitismus auf den fruchtbarsten Boden gefallen. Warum? Die russische Sprache ist noch heute, wie die deutsche, von Jüdischem und Jiddischem durchsetzt. Meschugge ist man in Moskau und in Berlin, und in beiden Städten ist man zuweilen geneigt, die eigene Verwandtschaft eine «Mischpoche» zu nennen. Das Gleiche gilt für die Küche, für die kulinarischen Traditionen von Ost- und Mitteleuropa. Oder nehmen wir das Politische: Es ist erstaunlich, wie viele von Lenins Mitrevolutionären Juden waren: Trotzki zum Beispiel oder Kamenjew, dessen Name übersetzt «Stein» heißt, oder der Journalist Karl Radek. Die ersten Bolschewiki hätten ihre Kabinettssitzungen durchaus in Jiddisch abhalten können. Die wechselseitige Durchdringung der Kulturen in Kunst, Wissenschaft und Alltag schien so weit zu gehen, dass man, etwa in Deutschland, sogar von einer «deutsch-jüdischen Symbiose» hätte

sprechen können – was man im Rückblick, angesichts des irreparablen Verlustes, den Deutschland sich im 20. Jahrhundert selbst zugefügt hat, aber wohl doch als ein etwas zu idyllisches Bild bezeichnen muss.
Es gab auch damals schon das Andere, die Diskriminierung, den Ausschluss. Nur war das Ghetto im 19. und frühen 20. Jahrhundert nicht überall ein erzwungenes Ghetto. Oft war es Ausdruck eines freiwilligen Rückzugs, einer freiwilligen Enklave besonders orthodoxer Juden, die es vorzogen, unter sich zu bleiben und ihren religiösen Prinzipien getreu zu leben. Dieser Vorgang ist sehr interessant: Aus der erzwungenen Ausgrenzung ist ein freiwilliger Rückzug geworden. Das gilt freilich nur für bestimmte Juden. Aber offenbar reichte es, um bei der nichtjüdischen Mehrheit dumpfe Ängste zu wecken und den Assimilationswillen anderer Juden verdächtig erscheinen zu lassen. Selbst Juden, die möglicherweise gar nicht mehr wussten, dass sie Juden waren – in unseren Tagen ist auch vielen Katholiken in Europa ihre Religionszugehörigkeit herzlich egal –, selbst diese wurden Opfer des Verdachts. «Was machen die da? Was ist das? Wir verstehen das nicht.» Gesellschaften sind, besonders dann, wenn viele ihrer Mitglieder sich als Ausgeschlossene fühlen müssen, anfällig für Komplottideen.
Auch über Freimaurer erzählte (und erzählt) man sich die unglaublichsten Dinge, die abenteuerlichsten Vorurteile, und auch sie waren stets ein bevorzugtes Opfer jener großen Vorurteilsfabriken, die totalitäre Regime immer sind. Doch liegt hier der Fall etwas anders. Ich erinnere mich an eine kleine Begebenheit in New York, wo wir in einem Freimaurertempel ein Stück proben durften. Als ich eines Mittags rausging, um etwas zu essen, begegnete mir im Eingang ein Mann: «Ach, ich wusste gar nicht, Sie sind also

auch einer von uns?», und er reichte mir die Hand nach Freimaurerart, mit zwei eingeklemmten Fingern. «Was machen Sie denn hier?», fragte er noch. «Wir proben», antwortete ich und reichte ihm die Hand, wie ich sie jedem reiche. «Ja, was ist das denn? Sie sind ja gar keiner! Wer hat Ihnen das denn erlaubt? Das ist eine Unverschämtheit.» Und so weiter.

Die Freimaurer sind eine freiwillige Geheimgesellschaft, und für eine solche hat man die Juden auch gehalten. Daher dieses ganze dumme Gerede von einer jüdischen Weltverschwörung. Die «Protokolle der Weisen von Zion», eine der fürchterlichsten Fälschungen, belegen angeblich, dass sich die Juden zur Weltverschwörung zusammengerottet hätten. Man nimmt an, dass dieses teuflische Elaborat Ende des 19. Jahrhunderts in Paris in der Auslandsabteilung der russischen Geheimpolizei zusammengezimmert wurde – und später fleißige Abnehmer unter den Nazis fand.

Der millionenfache Mord an den Juden hat die von Theodor Herzl und den Zionisten schon Ende des 19. Jahrhunderts geforderte Gründung eines Staates Israel nach 1945 beschleunigt. Ein entsetzlicher Preis, der da erst gezahlt werden musste. Und Israel weint um seine sechs Millionen Toten. Das ist mehr als selbstverständlich, und niemand kann und darf verlangen, dass nun einmal «Schluss» sein muss, dass man auch vergessen können muss. Das ist unmöglich.

Aber der moderne Staat Israel sollte seine ganze Weltanschauung, sein ganzes Geschichtsbild nicht auf diesem schmerzlichen Gründungsakt aufbauen. Es ist gut, dass es einen Staat Israel gibt, aber es war nicht «schlecht», dass es eine Diaspora gab und – Gott sei Dank für die Länder, die von ihr profitieren – immer noch gibt. Die historische jüdische Diaspora war kein Ghetto wie jene im Holocaust.

Die historische Diaspora hat dem Judentum erlaubt, in einer Weise an der Weltgeschichte teilzunehmen, sich in diese einzumischen und sie zu prägen, wie es ein – hypothetischer – Staat Israel nie ermöglicht hätte. Was wären Spinoza, Einstein oder Freud in Israel geworden? Lokale Honoratioren, vielleicht sogar, bei ihrer großen Intelligenz, im Professorenrang. Aber wer hätte sich schon für sie interessiert? Man kann Freud nicht vom Wien der Jahrhundertwende trennen, genauso wenig wie man Einstein von Zürich, Berlin und Princeton trennen kann. Oder nehmen Sie die großen jüdischen Staatsmänner: Benjamin Disraeli ohne Queen Victoria? Der jüdische Sozialistenführer Léon Blum ohne die Dritte und Pierre Mendès-France ohne die Vierte Republik in Frankreich? Nicht denkbar.

Hier liegt heute auch ein Problem der israelischen Demokratie. Der Staat Israel beruht, weil es um ein «national home» für alle Juden ging, zwangsläufig auf einem konfessionellen, einem religiösen Fundament. Und so etwas kann, ob man will oder nicht, auch Vorurteile produzieren, insbesondere gegenüber Andersgläubigen. Das wären in diesem Fall vor allem die Muslime Israels, deren einziger Fehler darin besteht, dass sie dieselbe Religion haben wie die Nachbarländer des Staates Israel, die man nun leider nicht als demokratisch und noch weniger als israelfreundlich bezeichnen kann. Was aber kann der einzelne Araber mit israelischer Staatsangehörigkeit dafür? Nichts!

So habe ich den Eindruck, dass Israel sich eine Demokratie mit zwei Ebenen leistet. Zwar kann ein Araber in die Knesset gewählt werden, aber das ist eher «window dressing», wie die Engländer sagen, schöner Schein. In Wahrheit hat er nicht die gleichen Möglichkeiten wie ein Mitglied der jüdischen Bevölkerung. Der israelische Instinkt ist demokratisch. Er ist es so sehr, dass nicht einmal drei Juden beieinander stehen können, ohne eine Demokratie zu haben. Denn sie sind alle drei garantiert unterschiedlicher Meinung. Und sollten sie ausnahmsweise nicht unterschiedlicher Meinung sein, werden sie einen anderen Anlass zum Disput finden. Doch leider hat der demokratische Instinkt der Juden Schwierigkeiten, sich in eine allgemeine israelische Wirklichkeit zu verwandeln. Die Vergangenheit will nicht vergehen.

Vive le sport!

Solange meine Augen mitmachen, verpasse ich im Fernsehen kaum ein Tennismatch. Solange meine Beine mitmachten, stand ich, wann immer es ging, auf dem Platz. Ich habe gegen Donald Budge und Bobby Wilson gespielt, die einstige Nummer eins der britischen Rangliste. Beinahe wäre es 1994 sogar zu einem Match mit dem Papst gekommen. Nachdem ich zur Audienz bei Johannes Paul II. war, um ihm meine Galileo-Filme zu erläutern, überraschte mich auf der Rückreise eine Nachricht des päpstlichen Sekretärs: «Der Heilige Vater bittet Sie, beim nächsten Besuch Ihren Tennisschläger mitzubringen.» Oder wollte er mir hinter der Racket-Bespannung nur die Beichte abnehmen?
O ja, der Sport. Welches Laboratorium der Vorurteile. Es muss nur eine Kleinigkeit passieren, es muss nur ein Fußballspieler, zum Beispiel ein deutscher, einen anderen, zum Beispiel einen französischen, einmal sehr hart foulen, wie etwa 1982 bei der Weltmeisterschaft in Spanien, als Toni Schumacher – «Choumakkär» – den Franzosen Battiston ins Krankenhaus beförderte (was im Übrigen wirklich sehr hässlich war), und sofort steht wieder in der Zeitung, wie

brutal die Deutschen sind. Ich erinnere mich auch an die Eingabe eines konservativen französischen Abgeordneten, der sich nur dieses eine unglückliche Mal hervorgetan hat, sodass sein Name mir nicht im Gedächtnis bleiben konnte. Dieser Mann nun, die Sache liegt ein paar Jahre zurück, bat also vor dem französischen Abgeordnetenhaus darum, die Handelsbeziehungen zu Deutschland kritisch zu überprüfen. Der Grund war, dass ein anderer «Choumakkär», diesmal war es Michael, während eines Autorennens den Wagen von Jacques Villeneuve gerammt hatte. Um Jacques Villeneuve ging es dem Herrn dabei weniger – schließlich ist Villeneuve Kanadier, Frankokanadier zwar, aber eben kein Franzose. Es ging ihm um das Auto, das Villeneuve fuhr: einen Renault!
Dennoch: Unter zivilisierten Umständen ist der Sport eine Alternative zum Krieg geworden. Vielleicht nicht überall, im Nahen Osten nicht, in Afrika nicht. Die Olympischen Spiele sind ein «Krieg», der meist ohne Tote vonstatten geht. Manche Leute fragen sich: Soll man immer noch diese dummen Nationalhymnen spielen? Ich denke, ja. Lasst sie um Gottes willen weiterspielen. Die Zeit ist noch nicht reif, sie wegzulassen. Nichts ist rührender als ein litauischer Athlet, wenn er da mit Tränen in den Augen steht und verklärt dreinschaut, während seine Nationalhymne erklingt, die man so schnell nicht wieder hören wird. Ich finde das bewegend, und es schadet niemandem. Oder der deutsche Tennisspieler Reiner Schüttler 2003 bei den «Australian Open» respektive Alexander Popp in Wimbledon. Plötzlich fingen die Deutschen wieder an, sich für Tennis zu interessieren. Das hatte nach Boris Becker und Steffi Graf aufgehört. Warum jetzt wieder? Weil ein Deutscher in Australien bis ins Finale kam, das ist der einzige Grund. Sie standen nachts auf für «ihren» Jungen; ohne ihn hätten die

Deutschen das Finale mit Andre Agassi nicht so interessant gefunden. Was ist daran schlimm? Nur konnte man nicht voraussehen, wie schlimm Schüttler untergehen würde, aber in den Runden zuvor hat er sehr gut gespielt.

Die unangenehmen Begleiterscheinungen? Wenn ich manche Sportreporter im Fernsehen oder Radio höre, was sie manchmal an chauvinistischen, an bösartigen, fremdenfeindlichen Kommentaren von sich geben, während eine Fußballübertragung läuft, dann kann einem das Lachen vergehen. Manche Kommentatoren scheinen beinahe dafür bezahlt zu werden, Vorurteile zu verbreiten. Zum Beispiel in Frankreich, wenn eine deutsche Fußballmannschaft spielt. Ich habe gesagt: Eines Tages, wenn eine deutsche Mannschaft mit rosa Balletthöschen auf den Zehenspitzen tänzelnd daherkommt und den Ball auf der Nase balanciert und dann grazil ins Tor köpft, wird der französische Reporter immer noch sagen: «C'est le terrible réalisme allemand.» Sie können machen, was sie wollen, es bleibt doch «der beinharte Realismus» in der deutschen Spielweise. Wenn es doch wenigstens so wäre!

Oder wenn ein Russe gegen einen Franzosen Tennis spielt, dann heißt es: Ah! Bravo, Monsieur Santoro! Sie haben prächtig gespielt gegen *den* Russen, contre le Russe. Einer der berühmtesten französischen Sportreporter hat bei der Fußballweltmeisterschaft 2002 während des Spiels einer der beiden Gastgebermannschaften gesagt: «Es gibt nur eins, was so aussieht wie ein Koreaner, und das ist ein anderer Koreaner!» Da ist es schön und erhellend, wenn der Spieß einmal umgedreht wird. Ich erinnere mich: Beim Prozess gegen O. J. Simpson in Amerika wurde ein renommierter Sachverständiger geladen, ein Professor an der Universität von Massachusetts, ein Chinese. Und dem gelang es einfach nicht, trotz verzweifelter Nachfragen des Richters, drei für den Prozessverlauf wichtige Detectives auseinander zu halten. «Wissen Sie», bat er um Verständnis, «bei Gesichtern von Weißen bin ich mir nie so sicher.» Es gab großen Applaus.

Der Krieg – ein mörderischer Sport?

Schaut man genau hin, dann hat man in letzter Zeit manchmal den Eindruck, als habe sich das Verhältnis von Sport und Krieg umgekehrt: Der Sport ist nicht mehr Trugbild des Krieges, sondern der Krieg Trugbild des Sports. In der französischen Presse, in der englischen Presse, in beinahe jeder Presse stand schon vor dem Irak-Krieg zu lesen: «Was machen wir *nach* Saddam?» Es gab Talkshows, in denen nur darüber gesprochen wurde, wie es nach Saddam weitergeht. Das war so wie beim Fußball. Was macht die Nationalmannschaft, wenn sie in der nächsten Runde ist? In einer Zeitung gab es dazu eine erhellende Karikatur: Auf ihr sieht man einen Mann nachts allein vorm Fernseher sitzen, über den Bildschirm fliegen die Raketen, und der Mann sagt: «Hoffentlich übertragen die Leute von CNN den nächsten Krieg gegen Saddam live und nicht nur in der Nacht.» Das ist die Welt aus der Sicht des Fernsehzuschauers, der anständig bedient werden will und auf Live-Berichte pocht, für die er sich nicht aus dem Bett schälen muss. Ich bin sicher, dass es vielen Leuten so geht. Sie sehen den Krieg wie eine Sportübertragung und finden ihn so spannend wie einen Krimi. Ich habe einen Roman geschrieben, in dem ein amerikanischer Polizeichef sich pausenlos Krimis anschaut und wütend wird, weil sein Kollege auf der Mattscheibe in nur einer Stunde herausfindet, wer der

Täter ist. Das geht ihm, dem Polizeichef, zu schnell, seine Kommissare brauchen immer Monate.

Der Witz und seine Beziehung zum Vorurteil: Jüdische Witze

Es ist zuweilen sehr schwierig zu entscheiden, ob etwas ein Vorurteil ist oder nicht. Da sind zum Beispiel die ganz außerordentlichen jüdischen Geschichten, die Juden sehr gern erzählen und die in anderen Mündern natürlich Vorurteile wären oder gar rassistische Äußerungen. Aber wenn so etwas aus jüdischem Munde kommt, liegt der Fall anders. Es ist nicht sehr lange her, da war ich mit Paul Spiegel zusammen, dem Präsidenten des Zentralrats der Juden in Deutschland, und er hat mir eine jüdische Geschichte erzählt. Weil sie von ihm kommt, kann ich sie weitererzählen. Käme sie von Arafat, würde ich es nicht wagen. Aber Arafat könnte so einen Witz auch kaum erzählen:
Einem über neunzigjährigen Juden, der für seine Familie zu alt und schwierig geworden ist, schlägt man vor, in ein Altersheim zu gehen. Er ist einverstanden, doch er besteht darauf, dass es ein jüdisches Altersheim ist. Man findet auch eines, aber der Opa muss in die Warteschleife. In der Zwischenzeit soll er in ein christliches Seniorenheim, und dort verbringt er dann drei Wochen. Als die Familie ihn wieder abholt, fragen sie ihn: «Wie war's?» – «Phantastisch, herrlich, ich fühle mich hier sehr geschmeichelt. Denn hier wohnt ein Orchesterdirigent, dessen Konzerte ich in meiner Jugend hörte, und er war damals wirklich sehr schlecht, aber hier nennen ihn alle ‹Maestro›. Dann ist da noch ein Mann, der an der Uni lehrte, aber er war wirklich keine

Leuchte. Trotzdem nennen ihn alle Professor, und so ist er ein glücklicher Mensch geworden. Ich bin es nach den drei Wochen übrigens auch: Seit dreißig Jahren habe ich keinen Sex mehr gehabt, aber alle nennen mich fucking jew.»
Meine jüdische Lieblingsgeschichte aber ist die von einem sehr berühmten New Yorker Rechtsanwalt. Der geht mit seiner alten Mutter an seinem 50. Geburtstag in ein vornehmes Restaurant und will ihr, wie die Amerikaner sagen, eine gute Zeit gönnen. Er kümmert sich um alles. «Herr Ober, noch eine Flasche Champagner bitte.» Aber die alte Dame ist schlecht gelaunt. Sie hat ihm zu seinem Geburtstag zwei italienische Seidenschlipse geschenkt, er hat sich eine dieser Krawatten umgebunden, um ihr eine Freude zu machen. Nun unternimmt er alles, um sie aufzuheitern. Vergebens. Ihre Laune bessert sich nicht. Da sagt er: «Mutter, was ist los, es ist doch mein 50. Geburtstag, ich bin doch dein Sohn, dein Moshele, erinnerst du dich noch, als ich klein war …» Er kann machen, was er will, die alte Dame bleibt stumm – und starrt den Schlips ihres Sohnes an. «Was ist denn», fragt er, «was habe ich falsch gemacht?» – «Der andere Schlips gefällt dir wohl nicht, was?»
Vielleicht ist es so, dass beim jüdischen Witz der Blick der anderen, der Antisemiten, in den Witz mit aufgenommen und dadurch entschärft wird. Sigmund Freud hat folgenden Witz oft erzählt: Zwei Juden treffen sich in Wien auf der Straße: «Wie geht's, was hast du heute Morgen gemacht?» – «Ich habe ein Bad genommen.» – «Na, hoffentlich hat dich keiner gesehen.» Dieser Witz spielt mit den Doppeldeutigkeiten der Sprache – «nehmen» kann auch «stehlen» heißen – und wirkt nicht zuletzt, weil hier ein jüdischer Witz das Bild vom Juden als notorischem Dieb aufgreift. Der jüdische Witz ist so souverän, dass er die Vorurteile, die man gegen Juden haben kann, schon integriert hat.

Iren-Witze

Die Engländer erzählen sich Iren-Witze, die Amerikaner machen Witze über polnische Immigranten. Zum Beispiel diesen hier: Da kommt ein angetrunkener Mann in eine New Yorker Bar, lässt sich auf dem Barhocker nieder und sagt: «Ke-kennen Sie schon den neu-neuesten Polenwitz?» Der Barmann: «Vorsicht, ich komme selber aus Polen.» – «Ma-macht nix, ich werde langsam schsprechen.» Dazu fällt mir eine wahre Geschichte von einem Kofferträger ein, dem ich am Flughafen von Dublin begegnet bin. Er bat mich höflich: «Follow me, Sir, I'm just behind you.» Zu diesem Erlebnis passt die Geschichte mit den drei Uhren in einem irischen Bahnhof, die alle eine andere Zeit anzeigen. Also: Ein englischer Lord steht in Erwartung eines Zuges, der nicht eintreffen will, auf einem Bahnsteig in Dublin. Nach einer gewissen Zeit kann er seine Wut nicht mehr im Zaum halten, und es sprudelt aus ihm heraus: «Das ist wieder einmal typisch irisch! Wo ich auch hinschaue, hängen Uhren, und jede zeigt eine andere Zeit an!» Da beruhigt ihn der Bahnhofsvorsteher mit den Worten: «Ja, wo wäre denn die Logik, wenn alle die gleiche Zeit angäben? Wozu bräuchten wir dann drei Uhren?»

Ich fühle mich immer zu Hause in Irland, weil das Land eine Miniatur von Russland ist. Es hat vielleicht ähnliche Qualitäten, ähnliche Fehler und Verrücktheiten wie das Land meiner Vorfahren. Ich habe einmal einen Film in Irland gedreht, war acht Wochen im selben Hotel und kehrte nach einer Pause von sechs Jahren für einen Tag zurück. Der Oberkellner kam zu mir und sagte: «Oh, Gott sei Dank sind Sie wieder hier, ich habe damals nicht auf Wiedersehen gesagt.»

Schließlich noch eine Geschichte, die sich um Toilettenpapier dreht und «typisch englisch» ist, womit ich natürlich keinem Vorurteil zuarbeiten will! Ich habe eigentlich keine Übung darin, aber ich habe einmal Toilettenpapier gestohlen, und zwar im englischen Generalkonsulat zu Marseille. Ich habe es gestohlen, weil auf jedem Toilettenpapierblatt aufgedruckt war: «This is Property of Her Majesty's Government» – «Das hier gehört der königlichen Regierung». Auf jedem einzelnen Blatt. Daraufhin fragte ich den Konsul: «Warum dieser Stempel?» Der Konsul antwortete: «Sie werden nicht glauben, wie viel hier gestohlen wird.» – «Oh, ich habe es eben gestohlen, gerade weil es draufsteht.»

Nationale Stereotype

Natürlich haben solche Witze immer auch mit nationalen Stereotypen zu tun. Diese sind oft harmlos und manchmal sogar amüsant, wie diese verbreitete Vorstellung von einem perfekten Glück – mit einem chinesischen Koch, einer Villa in Italien, einer französischen Frau, einem englischen Butler, einem Bankkonto in der Schweiz und einem deutschen Auto. Die französische Frau und das Schweizer Konto habe ich schon ... Oder eine Geschichte, die für die Deutschen leider nicht so schmeichelhaft ausfällt und die man von Kaiser Karl V. erzählt. Angeblich sprach er mit Gott spanisch, mit seinen Beamten italienisch, mit seinen Mätressen französisch und mit seinen Pferden deutsch. Vergessen oder unterschlagen wird dabei nur, dass er zu sich selbst wahrscheinlich holländisch sprach, denn das war seine Muttersprache, die er im heute belgischen Gent erlernt hatte – wie übrigens Karl der Große. Unangenehm und gefährlich wird es eigentlich erst dann, wenn solche Stereotype zum Leitfaden des Handelns werden: Die Deutschen sind humorlos, die Franzosen frivol, die Holländer geizig, die Polen schmutzig, die Italiener faul – das ist alles ziemlich dummes Zeug.

Es gibt ein fabelhaftes Beispiel für solche Vorurteile: Nach einem Weltraumunglück der Amerikaner saßen noch drei Astronauten in ihrer Raumstation, in ihrem Hotel zwischen den Sternen, und mussten ja irgendwann einmal abgeholt werden. Die Russen schlugen vor, das zu übernehmen, doch die Amerikaner haben abgelehnt. Sie sagten, sie seien von der Zuverlässigkeit der russischen Kapsel nicht überzeugt. Das wagten sie noch in diesem Augenblick! Ich finde es wirklich sehr komisch, dass die NASA sich erdreistet zu sagen: «Na ja, die Russen …»

Aber ich will nicht abstreiten, dass es durchaus Typisches gibt, sonst könnte man über die verschiedenen Nationen gar nicht reden. Es kommt nur darauf an, wie man damit umgeht. Man muss jedem Einzelnen die Freiheit lassen, anders zu sein, seine individuelle Persönlichkeit zu entwickeln. Es gibt verschiedene Nationalcharaktere, und manche Züge dieses Charakters teilt man mit seiner Nation, andere überhaupt nicht. Schon die Sprache ist Ausdruck eines nationalen Charakters, aber um genau zu wissen, was etwa typisch für den bulgarischen Nationalcharakter ist, muss man entweder Grieche, Rumäne, Türke oder Jugoslawe sein, denn für einen Briten, Deutschen, Franzosen ist Bulgarien zu klein und zu weit weg. Wir sehen nicht, was typisch bulgarisch wäre.

Mit den Ungarn hat man es leichter, weil sie sich mehr über die Welt verteilt haben. Es gibt ein Hollywood-Vorurteil, das ich sehr komisch finde: «A Hungarian is a man, who goes into a revolving door behind you and comes out to the street before you.» – «Der Ungar betritt die Drehtür nach dir und kommt vor dir wieder heraus.» Das schadet niemandem, die Ungarn fühlen sich sogar geschmeichelt, denn in diesem Witz sind sie recht flinke Leute.

Das sind charmante Geschichten, denen es manchmal gelingt, gewisse kulturelle Eigenheiten zu veranschaulichen. Aber man sollte sich davor hüten, sie zu ernst zu nehmen. Die Belgier-Witze, die sich die Franzosen erzählen, sind exakt die gleichen, mit denen man sich in Deutschland über die Ostfriesen und in England über die Iren lustig macht. Sie sagen nichts über die Belgier, Ostfriesen oder Iren aus, wohl aber etwas über das Überlegenheitsgefühl derer, die sie erzählen. Auch das Gerede von *dem* Russen, *dem* Schotten und *dem* Sizilianer ist natürlich blanker Unfug. *Der* Russe – das heißt, man pfercht rund 150 Millionen Menschen in einem Singular zusammen! Nein, das Typische kann immer nur ein Rahmen sein, und jeder Einzelne hat das Recht und die Möglichkeit, diesen zu verlassen. Und er hat einen Anspruch darauf, dass man zuerst *ihn* sieht und dann erst den Rahmen. Und das gilt umgekehrt natürlich auch: Wenn zum Beispiel der finnische Ruderer Pertti Karppinen, ein Mann wie ein Bär, der vier olympische Goldmedaillen gewonnen hat, in Interviews selten mehr von sich gegeben hat als ein brummiges «Hm hm hm», kann man daraus nur schwer den Schluss ziehen, dass alle Finnen schweigsam sind. Und schon gar nicht alle Bären!

Gewiss wächst ein junger Inder aus Bombay anders auf als ein kleines Mädchen in einem südamerikanischen Andendorf. Sie haben andere Landschaften vor Augen, andere soziale Strukturen, sie sprechen sehr verschiedene Sprachen, sie ernähren sich anders – und man wird ihnen jeweils andere Geschichten erzählen; Geschichten, die ihnen helfen, sich in der Welt zurechtzufinden. Aber irgendwann werden sie älter, und wenn sie die Chance dazu bekommen,

entwachsen sie vielleicht ihrer Enge. Das Mädchen aus den Anden sagt sich dann womöglich: Hier ist es ganz hübsch, aber das Leben, die Menschen, die Kultur in Australien liegen mir mehr. Ich fühle mich eher dort zu Hause.
Manchmal allerdings erlebt man Situationen, die hält man für typisch, aber man weiß nicht genau, warum. Ich war einmal in einem noblen Restaurant in München, da saßen ein alter Herr mit Schmissen im Gesicht und eine junge Frau, die weinte. Sie war sicher sein Enkelkind, und man hörte nicht genau, was sie wollte, aber sie sprach und schnäuzte sich die ganze Zeit. Auf einmal posaunt der alte Herr: «Ja, ja, dazu kann ich nur eines sagen, cherchez la femme.» Ich weiß nicht, warum es so typisch deutsch ist. Vielleicht, weil er sich so weltmännisch gibt und die französische Phrase benutzt, ohne offenbar ihren Sinn zu verstehen. Vielleicht auch wegen des Französischen mit dem deutschen Akzent. Aber da bewege ich mich wohl schon in Richtung eines Vorurteils.

Ein positives Vorurteil betrifft die sprichwörtliche Höflichkeit der Japaner. Diese beruht auf einer sehr komplizierten Struktur, die man nicht verstehen kann, wenn man nicht lange Zeit dort gelebt hat. In Japan dürfte ich meine Freunde und Mitstreiter an diesem Buch, die heiteren Herren Ritte und Wieser, nicht zum Abendessen einladen, wenn unser geschätzter Verleger, Herr Dr. Moritz, nicht zuvor schon abgesagt hätte. Das hat mit feinen Hierarchien zu tun. Herr Wieser ist einer, der mit mir zusammenarbeitet und viel denkt, aber der Verleger lenkt, und da müsste ich mir sagen: Nein, das würde Herrn Moritz beleidigen, wenn ich Herrn Wieser oder Herrn Ritte zuerst einlade. Deshalb gibt es auch kein Wort für «nein» im Japanischen, nur eines für «ja», aber das bedeutet eher «ja, aber». Man weiß nie, woran man ist. Glücklicherweise befindet sich der Hoffmann und Campe Verlag nicht in Tokio, und Herr Moritz ist kein Japaner, jedenfalls sieht er nicht so aus. Deswegen kann ich mit meinen Freunden immer unbeschwert essen gehen.

Auch in Thailand, einem anderen Land, das nie lange von Ausländern besetzt war, gibt es noch solch besondere Strukturen. Um dem König zu begegnen, müssen die Leute sich ihm auf allen vieren nähern. Und wenn man das im Fernsehen verfolgt, wirkt es doppelt so komisch wie in Wirklichkeit. Ich habe eine Zeremonie gesehen, wo die Königin Medaillen vergab an ältere Leute, die sich sehr verdient gemacht hatten. Eine alte Dame kroch auf allen vieren heran. Sie war etwas erschöpft, hatte die Distanz nicht richtig kalkuliert und ist zwei Meter von der Königin entfernt zusammengebrochen. Sie konnte sich nicht mehr bewegen, da musste jemand kommen, sie aufheben und der Königin vor die Füße schleppen. Sie bekam ihre Medaille, wurde dann zur Seite geschubst und musste den Weg allein zurückfinden. Danach kam ein Mann mit einer Brille, auch er auf allen vieren. Er ist etwas zu schnell vorangekrabbelt und hat sich auf die Königin geworfen, woraufhin er von der Königin wieder weggezerrt wurde. Es sah aus wie eine Vergewaltigung, aber sie waren alle vollständig und sehr gut angezogen. Solche Situationen sind total verrückt. Am Ende des 19. Jahrhunderts soll eine Königin von Thailand ertrunken sein, weil sie während einer Regatta ins Wasser fiel. Da es niemandem erlaubt war, über ihr zu schwimmen, man sich also immer *unter* ihr befinden musste, selbst wenn sie schwamm, und sie leider so schnell sank, dass kein Thai tief und rasch genug tauchen konnte, um unter sie zu gelangen, ist sie gestorben. Danach hat man diese Regel außer Kraft gesetzt.

Ein Thailänder, der nach Europa kommt, könnte bestimmt genauso witzige Geschichten über uns erzählen, über manche unserer Verhaltensweisen, die ihm absurd vorkommen. Montesquieu hat im 18. Jahrhundert etwas Ähnliches vorgeführt. Er hat zwei Perser erfunden, die nach Paris kommen und ganz naiv beschreiben, was sie sehen. Das Buch ist unglaublich komisch, denn für die Perser ist nichts Europäisches «normal». Das ganze Leben in Paris erscheint in ihren Augen als große Kuriosität. Sie beschreiben die Rituale am französischen Hof, was dann genauso klingt wie die Geschichte über die Königin von Thailand. Es war ein kleiner Geniestreich, den Spieß einmal umzudrehen, denn normalerweise schauen wir in den Orient und finden dort alles höchst seltsam.

Ich erinnere mich auch an eine berühmte Affäre, die sich wirklich so abgespielt haben soll: Ein persischer König reiste Ende des 19. Jahrhunderts nach Paris, und man wollte besonders freundlich, zuvorkommend zu ihm sein, denn Frankreich vertrat damals vitale Interessen in Persien. Der Schah äußerte den Wunsch, einmal einer Hinrichtung beizuwohnen. «Bien, Votre Altesse, wir werden sehen, was sich machen lässt.» Man brachte einen Mann auf die Guillotine und schlug ihm vor den Augen des persischen Schahs den Kopf ab. Der französische Außenminister erkundigte sich: «Wie hat Ihnen das gefallen?» Der persische König begeistert: «Ja, ja, sehr schön, jetzt dieser hier!», und zeigte auf den Innenminister.

Kopftücher
oder
Ich bin Feminist

Wenn wir heute in die muslimisch geprägten Länder des Orients schauen, beschleicht uns eine gewisse Malaise, insbesondere wenn wir die Rolle der Frau betrachten! Auch scheinen unsere Vorstellungen von Demokratie und Menschenrechten mancherorts unter den Machthabern nur wenig Freunde zu finden. Und es spricht einiges dafür, dass es sich hierbei nicht nur um unsere Vorurteile handelt. Darauf berufen und berufen sich ja auch manche Befürworter einer militärischen Intervention im Irak, die sich unter der Fahne von Moral und Demokratie als Befreier in einem gerechten Krieg fühlen. Man könnte ihnen mit dem Wort des französischen Moralisten La Rochefoucauld antworten, dass noch niemandem die Tugend mit Gewalt beigebracht worden sei. Mancher meint, viele Länder seien noch nicht so weit fortgeschritten wie die Nationen des Westens. Da mag gelegentlich etwas dran sein. Doch was heißt Fortschritt? Die USA sind gewiss ein sehr weit fortgeschrittenes, modernes Land mit ungeheuren technologischen Möglichkeiten. Sie haben, das zeigt der Irak-Konflikt, eine Propagandamaschinerie, die über zwanzigmal so viele Möglichkeiten der Desinformation und Manipulation verfügt, wie es sie zu Zeiten des furchtbaren Herrn Goebbels gab. Nur wird diese manchmal sehr amateurhaft bedient, und so stehen Mr. Bush und sein Freund Mr. Blair nun als ertappte Lügner da. Und noch eine Bemerkung zur Frage des Fortschritts im Westen: Es gibt auch Amerikaner, und George W. Bush wäre als Erster zu nennen, die in einem anderen Jahrhundert zu leben scheinen. Sie befinden sich noch ganz unter dem Einfluss der alten Römer oder eher noch der Filme, die sie über die Römer gedreht haben. Da fühle ich mich zuweilen ein bisschen mitschuldig, denn in meinen schlaflosen Nächten habe ich manchmal den Eindruck, vor über fünfzig Jahren nicht den Nero gespielt zu haben, sondern schon George Dabbeljuh. Die beiden haben frappante Ähnlichkeiten.

Ob wir viel weiter sind als die arabischen Staaten? Ich weiß es nicht zu sagen. In vielen Dingen stehen sie auf einer sehr hohen Stufe der Zivilisation. Und wenn man ins Mittelalter zurückschaut, wird man schnell einsehen, dass die Rollenverteilung von Kultur und Barbarentum nicht immer zu Ungunsten der Araber ausgefallen ist. Was die Rolle der Frau angeht, so muss ich sagen, dass manche Europäer und Amerikaner ein recht kurzes Gedächtnis haben. Ich freue mich über die Fortschritte, die wir gemacht haben. Aber vergessen wir nicht, dass zum Beispiel in England die viktorianische Epoche erst gestern zu Ende gegangen ist. Aus dieser Zeit gibt es noch so bezaubernde Sprichworte und Maximen wie: «Children should be seen, not heard.» – «Kinder soll man sehen, aber nicht hören.» Tatsächlich haben die Eltern ihre Kinder nicht einmal wirklich gesehen. Sie wurden in harte Dressuranstalten, genannt Schulen, geschickt, wo sie sehr viel weinten. Aber der Vater sagte dann: «Das wird einen Mann aus dir machen. Jede Träne macht dich stärker.» Ich glaube, das war genauso entsetzlich und genauso ungerecht wie bei den Taliban, wenn auch nicht immer gleich mit der Peitsche zugeschlagen wurde.

Was das Verhältnis von Männern und Frauen angeht, stehen wir in einer Entwicklung, die noch nicht abgeschlossen ist. Dabei zeichnen sich manche Entscheidungen nicht unbedingt durch ihre Intelligenz aus. In Frankreich hat man festgestellt, dass nur 18 Prozent der Abgeordneten in der Nationalversammlung weiblich sind. Da kann man noch vieles tun. Aber zu dekretieren, dass ab sofort auf ein Verhältnis von 50 zu 50 hinzuarbeiten ist, scheint mir nicht sehr überzeugend. Ein intelligenter Mann kann durchaus eine sehr frauenfreundliche Politik machen, und eine intelligente Frau kann leicht zehn durchschnittliche Männer aufwiegen. Ich bin nicht sicher, dass ein strikter Proporz eine bessere Politik garantiert.

Ich habe schon gesagt, dass ich absolut nichts gegen eine verheiratete Frau im Range eines katholischen Kardinals hätte. Im Gegenteil! Und ich denke, dass es eines Tages vielleicht dazu kommen wird. Ähnlich wie bei den Botschaftern. Es war damals ein Skandal, als die Bolschewiki die Aleksandra Kollontaij als Botschafterin ins westliche Europa schickten. Sie war die erste weibliche Botschafterin der Neuzeit, und alle dachten: Das ist typisch Bolschewismus. Denen ist nichts heilig, was wir achten. Die wollen alles vernichten. Heute gibt es immer mehr Frauen, die Botschafterinnen sind. Und darauf sind wir so stolz – es ist allerdings ein kindischer Stolz, dass wir andere Länder, die noch nicht ganz so weit sind, für primitiv halten. Stolz macht auch blind. In Indien, wo die Frauen es zugegebenermaßen schwerer haben als bei uns, gibt es dennoch viele Frauen in hohen Positionen. Dort sind Frauen wie Indira Gandhi in höchste und allerhöchste Staatsämter vorgedrungen. In einem sehr entwickelten Land wie Japan ist ihnen das noch nicht gelungen.

England ist ein besonderer Fall. Wir hatten in unserer Geschichte immer wieder Königinnen, manche von ihnen waren nicht gerade zart besaitet, und vor nicht langer Zeit noch die Premierministerin Maggie Thatcher. Ein deutscher Journalist hat mich einmal gefragt, warum ich so wenig zärtliche Gefühle für sie hegte. Ich antwortete: «Ganz einfach. Ich bin Feminist, sie nicht.» Als sie gewählt wurde, hatten viele Frauen (und Männer) große Hoffnungen in sie gesetzt. Endlich, so glaubte man, würde ein frischer Wind wehen. Aber nein, sie war sehr hart, sie hat alle Türen wieder zugenagelt. Auf einer Friedenskonferenz in Moskau, Gorbatschow war gerade Generalsekretär der KPdSU geworden, sprach eine betagte australische Sozialistin, eine wahre Pasionara des Aufbruchs zu Freiheit und Sonne, folgendermaßen über Maggie Thatcher: «England is governed at this time by a woman who thinks she is a man, who thinks he is a general.» – «England wird zurzeit von einer Frau regiert, die sich für einen Mann hält, der denkt, er sei ein General.»

Ich habe nie verstanden, warum man sich in Frankreich – und neuerdings auch in Deutschland – so entsetzlich aufregt über Frauen, die ein islamisches Kopftuch tragen wollen. Das sind wirklich übertriebene Reaktionen. Mir persönlich ist es ziemlich gleich, ob eine Frau so ein Tuch trägt oder nicht. Sollte das Tragen des Kopftuchs eine Provokation sein, reagiert man am besten gar nicht darauf. Dann ist es keine Provokation mehr.

Am Flughafen in Genf erspähte ich einmal eine vermutlich ältere arabische Dame, die zum selben Schalter wollte wie ich. Die Dame trug eine Gesichtslarve aus Schildpatt, hatte einen Stock und war sonst ganz in Schwarz gekleidet. Sie sah aus wie einer dieser verrückten Vögel von Hieronymus Bosch. Wir kamen gleichzeitig vor dem Schalter an, als höflicher Junge ließ ich ihr den Vortritt. Ich weiß nicht, ob sie diese kleine Galanterie zu schätzen wusste. Sie ging an mir vorbei, ich stand nun hinter ihr und hatte Zeit, ihren Rücken zu betrachten. Auf dem schwarzen Grund vor mir entdeckte ich ein riesiges Yves-Saint-Laurent-Monogramm. Sie war offenbar eine sehr elegante Frau. Das Monogramm von Yves Saint-Laurent deutete ich als

Hoffnungsschimmer. So deute ich auch die Triumphe der großen marokkanischen Läuferin Zohra Quaziz. Niemand im Islam hat vorgesehen, dass Frauen mit nackten Beinen Sport betreiben. Sie aber tut es und schwenkt bei ihren Ehrenrunden die marokkanische Flagge. Ihre Landsleute sind begeistert und applaudieren. In diesen Momenten ist ihnen ihre Religion mit all ihren Vorschriften von Herzen egal.

Kamel und Nadelöhr: Amerikanische Zustände

Der ehemalige US-Präsident Calvin Coolidge wird gerne mit dem Satz zitiert: «The business of America is business.» Jetzt aber wird das amerikanische Business unentwegt mit Moral und Religion verkleidet. Prayer Meetings hier, Gottesdienste da, und man braucht nur George W. Bush zu hören, er spricht wie ein schlechter Pfarrer: eine sehr kleine Stimme, aber Standing Ovations. Und er tut so, als wolle er nur das Gute in der Welt und als wisse er genau, wo das Böse haust. Ich glaube, darin steckt auch ein Element von Wahnsinn. Ich hätte da übrigens eine Idee für einen Karikaturisten: Bush sitzt im Oval Office, und der Papst klopft an die Tür. Aber George W. Bush ist momentan am Telefon und sagt zum Papst: «Bitte nicht stören, ich spreche gerade mit Gott.» Andauernd sieht man ihn beten, und er sagt jedem, der es nicht hören will, dass er ein überzeugter Christ sei. Aber anders als ein überzeugter Christ kann er nicht zuhören, er spricht am liebsten selbst, und das ist der direkte Weg in den Wahnsinn.

Das amerikanische Motto «Our business is business» klingt zwar schrecklich kapitalistisch, aber es klingt auch

angenehm unideologisch. Leider kippt das jetzt um, denn die Bush-Administration setzt in einem Maße auf Ideologie, wie das bei Clinton, der damit verglichen eher ein Pragmatiker war, überhaupt nicht denkbar gewesen wäre. Bush betreibt eine vollkommen ideologisch definierte Außenpolitik. Alles wird so weit vereinfacht und so lange simplifiziert, bis er es schließlich selbst begreifen kann. «Those who are not for us are against us.» – «Wer nicht für uns ist, ist gegen uns!» Was soll das heißen? Und willst du nicht mein Bruder sein, so schlag ich dir den Schädel ein? Ich kann mir einen US-Präsidenten vorstellen, der etwas unterbelichtet ist, aber normalerweise gibt es dann wenigstens einen Außenminister oder Verteidigungsminister, der pragmatisch denkt und eine vernünftige Politik macht. Doch die Administration steht inzwischen eisern hinter Bush. Kein Platz mehr für Subtilitäten, es herrscht die Tendenz, alles auf einen Comicstrip zu reduzieren. Gewiss, der Feind ist nicht das irakische Volk, es ist Saddam; nicht das kubanische Volk ist der Feind, sondern Castro; und auch das libysche Volk ist liebenswürdig, aber leider haben sie Gaddafi. Das hindert aber niemanden daran, die verschiedenen Völker die Rechnung zahlen zu lassen. Und das Paradoxe ist: Häufig haben die Amerikaner in der Vergangenheit «Bösewichtern» wie Saddam zuerst geholfen und sie dann bombardiert. Wäre die Weltpolitik eine Pferdewette, dann wäre Amerika schon längst pleite, denn sie haben ihr Geld fast immer auf den falschen Gaul gesetzt. Früher waren die Taliban das «richtige» Pferd gegen die Russen, dann der Irak gegen den Iran, und morgen? Viele amerikanische Politiker sehen nur die Oberfläche des tiefen Wassers. Diese Kurzsichtigkeit ist für eine Weltmacht sehr gefährlich.
Aber sie beten fleißig, denn sie haben es mit der Religion. Gott muss immer dabei sein. In meinem Roman «Der alte

Mann und Mr. Smith» gibt es einen texanischen Millionär, den beunruhigt, dass Jesus gesagt hat, eher gehe ein Kamel durch ein Nadelöhr, als dass ein Reicher in den Himmel komme. Dieser Millionär hat einen Sohn, der sich mit seinem Vater nie verstanden hat. Er nahm Drogen, dann verschwand er aus dem Haus. Doch macht der Vater sich keine Vorwürfe. Er denkt, der Sohn sei schuld: Alles, was er ihm angeboten hat, all die Möglichkeiten, die er ihm eröffnet hat, hat der Sohn ausgeschlagen. Er selbst hat immer hart an sich gearbeitet. Warum also sollte der Sohn seinem Beispiel nicht folgen? Nein, sagt er sich. Ich bin kein schlechter Mensch und Vater. Eines Tages kommt ihm eine Idee: Er lässt in den Stahlwerken von Pennsylvania eine ungeheuer große, gewaltige Nadel anfertigen, die in Einzelteilen geliefert wird und dann zusammengeschweißt vor seinem Balkon liegt. Über einen Kilometer ist die Nadel lang. Dann kauft er in Ägypten zwei dünne, schlecht gefütterte Kamele mit ihren Treibern. Jeden Morgen gehen sie nun mit den Kamelen durch das Nadelöhr. Der Millionär schaut zum Himmel auf und sagt: «Siehst Du, My Lord, ich habe Dich verstanden und bin bereit, zu Dir zu kommen. Du brauchst nur das Himmelstor aufzumachen.»

Reichen Amerikanern gefällt die biblische Parabel vom Kamel und dem Nadelöhr nicht sonderlich. Sie denken: Wenn Jesus Christus heute zurückkäme, würde er verstehen, dass die alte Parabel neu geschrieben werden muss. Schließlich leben wir in anderen Zeiten, und damals hatte niemand die Möglichkeit, so immens reich zu werden wie mein texanischer Millionär. Gewiss würde Jesus das verstehen und noch einmal nachdenken. Er wäre auch bestimmt damit einverstanden, dass man eine große Armee braucht, um überall auf der Welt den amerikanischen Frieden zu verbreiten. Das ist die Religiosität der Bibelgruppen. Womöglich rechtfertigen sie mit ihr noch die Todesstrafe. Als Gouverneur von Texas soll George W. Bush über 150 Menschen zum Tode verurteilt haben. Vermutlich weiß Bush selbst nicht genau, wie viele es waren.

Welch eine Figur des anderen Amerika ist dagegen George Ryan, der Exgouverneur von Illinois, der wenige Tage vor dem Ende seiner Amtszeit im Januar 2003 alle 167 Todeskandidaten seines Staates begnadigt hat! Vier Gefangene dieser 167 setzte er sogar auf freien Fuß, weil er zu dem Ergebnis gekommen war, ihre Geständnisse seien nur unter polizeilichem Druck zustande gekommen. «Ich kann diese Menschenleben nicht auf mein Gewissen nehmen.» George Ryan hat Drohbriefe erhalten nach seinem mutigen Entschluss. Von Leuten wahrscheinlich, die gern mit einer Flinte unterm Arm herumlaufen.

George W. Bush hat schon als Kind auf beinahe allen Knien seiner jetzigen Kabinettsmitglieder gesessen. Er hat immer mit angehört, was Ashcroft sagte oder Rumsfeld. Es war stets dieselbe Clique von Ölmännern, sodass er wirklich nur geerbte Meinungen vertritt. In einer französischen Zeitung war vor kurzem zu lesen, dass der Großvater Bush, der Gründer des Vermögens der Familie, während der Nazizeit sehr eng mit der Thyssen-Bank zusammengearbeitet und dafür gesorgt habe, dass die Industrie in Deutschland genug Geld brachte. Und Vater Bush hat, genau wie sein Sohn, sehr viel Geld mit der Familie Bin Ladens im Ölgeschäft gemacht. Es ist eben so, dass sie immer mit denen zusammenarbeiten, mit denen sie Geld machen können. Die Leute sind so lange interessant, wie man mit ihnen Geschäfte machen kann. Danach wird umgesattelt.

Besuch im Oval Office

Ich war zweimal im Weißen Haus. Beim ersten Mal hatte mich ein Mitarbeiter von Jimmy Carter eingeladen, als Carter noch Präsident der Vereinigten Staaten war. Nach dem Mittagessen trafen wir ein – «You'll now see the Oval Office!» –, und kurze Zeit später standen wir, ohne je behelligt worden zu sein, vor der Tür. Wir wollten gerade reingehen, ohne anzuklopfen, als uns eine Dame sagte: «You should not go in there, he's speaking with Tito.» – «Sie können da jetzt nicht reingehen, er spricht gerade mit Tito.» Hätte die Dame uns wohl ein paar Jahre später ermahnt: «Monica Lewinsky is in there»? Ohne die Ermahnung, eine rein zufällige, wären wir reingegangen. Es gab keine besonderen Schutzmaßnahmen vor dem Oval Office. Darum muss man sich schon wundern, wie freizügig Clinton gewesen sein soll, in einem dunklen Winkel seines Büros zu ungewöhnlichen Formen des Umgangs mit einer – womöglich sogar kubanischen – Zigarre zu schreiten. Inzwischen dürften sich die Sicherheitsvorkehrungen im Weißen Haus geändert haben.

Die Schweiz

Die Schweizer sind die «Blaupause» für Europa. Die Schweizer wundern sich, wenn ich das sage. Es ist zwar keine Tragödie, aber doch traurig, dass sie noch nicht in der EU sind. Wenigstens sind sie jetzt den Vereinten Nationen beigetreten. Denn die Schweiz ist nicht neutral, niemand kann heutzutage neutral sein, nicht einmal ihre Zeitungen sind neutral, sie vertreten alle, manchmal recht scharf, die eine oder andere Richtung. Und doch ist die Schweiz ein sehr sympathisches Land, aber immer etwas anders, als man denkt. Lassen wir einmal das übliche Gerede über die Schweizer beiseite, die üblichen Vorurteile über ihren Fleiß, ihre Reinlichkeit, ihre Langsamkeit. Fleißig und sauber werden sie wohl sein, aber die europäischen Nachbarn sind auch nicht gerade ungewaschene Faulpelze, die den ganzen Tag in der Sonne liegen. Was die Langsamkeit betrifft: Zumindest auf hoher See können manche Schweizer sehr schnell sein – das hat kürzlich die Yacht «Alinghi» beim America's Cup bewiesen. Aber begeben wir uns an etwas ruhigere Gewässer: Da steht ein Mann in Genf am Seeufer und betrachtet diese phantastische Fontäne, die aus dem Wasser hervorschießt. Er hat das Gefühl, nicht allein zu sein. Er schaut sich um, und da steht neben ihm ein Schwarzer und schaut die Fontäne ebenfalls an. Der Mann ist ganz verblüfft und wendet sich nach einigem Zögern an den Schwarzen: «Vous n'êtes pas d'ici!» – «Sie kommen nicht von hier!» Der Schwarze: «Non, aus Lausanne.» Das ist eine Schweizer Geschichte, und sie zeigt etwas von der hiesigen Mentalität. Der berühmte Historiker und Diplomat Carl Jacob Burckhardt, einst Präsident des Internationalen Roten Kreuzes und Hoher Kommissar des Völkerbundes, lebte ungefähr 800 Meter von meinem Haus in Bursins entfernt. Er begleitete einmal einen Bauern aus der Nachbarschaft vom Friedhof nach Hause zurück. Seine Frau war gerade beerdigt worden. Der alte Weinbauer wirkte nicht besonders traurig, er schien den Tod seiner Frau zu akzeptieren. Irgendwann muss man halt sterben, so ist es nun einmal, wird er sich gesagt haben. Nun steht er wieder in seinem Haus, aber er muss sich selbst einen Kaffee machen, selbst die Bettwäsche lüften und so weiter, aber er spricht kein Wort, und Burckhardt respektiert dieses Schweigen. Dann auf einmal: «Vous savez, ma femme, je l'aimais tellement que j'ai failli le lui dire.» – «Wissen Sie, ich habe meine Frau so sehr gemocht, dass ich es ihr beinahe gesagt hätte.» Das ist Schweizer Witz, herrlich selbstironischer Schweizer Witz.

Eine sehr alte Schweizer Geschichte handelt von Gott. Er machte eines Tages einen Besuch auf der Erde, betrachtete die Schweiz und war begeistert: «Phantastisch, eine meiner besten Erfindungen! Was fehlt euch hier noch?» Ein Bauer: «Ich würde gern Kühe haben. Irgendwie fehlt hier noch was auf diesen schönen grünen Feldern.» – «Gute Idee, hätte ich nicht gedacht. Da hast du ein paar Kühe.» Der Bauer: «Prima, die sehen gut aus.» – «Stimmt», sagt Gott, «könnte ich denn jetzt bitte ein Glas Milch haben von diesen Kühen?» – «Natürlich, o Herr.» Der Bauer schenkt ihm ein Glas ein, Gott fängt an zu trinken, und der Schweizer sagt: «Das macht drei Franken und zwanzig Rappen.»

In diesem Witz über einen pfiffigen Bauern scheint der vor nichts Halt machende Geschäftssinn der Schweizer aufs Korn genommen. Womit wir aber wieder bei einem Vorurteil wären.

Wenn ich die folgende Geschichte im Schweizer Fernsehen erzähle, ernte ich meist das Gelächter der Ertappten. Ich habe die Geschichte selbst erlebt, sie spielt im Nachbardorf. Da stand nun mitten im Sommer, während des jährlichen Manövers, den Helm tief im Gesicht, ein junger Soldat und schwitzte aus allen Poren. Ganz aufgelöst stand er da, ganz allein, mit seiner Akne, seinem Tornister auf dem Rücken, seinem Maschinengewehr unterm Arm, seiner Pfeife im Mund – und einer Landkarte in der Hand. Er wirkte verloren, hatte sich offensichtlich verlaufen und wusste nicht, wohin. Ihm gegenüber, auf der anderen Straßenseite, wartete eine ältere Dame. Sie schaute erst nach links, dann nach rechts, doch schließlich nahm sie all ihren Mut zusammen und trippelte rasch über die Durchgangsstraße, direkt auf den Soldaten zu. Sie strahlte ihn an und lobte: «Merci de nous protéger!» – «Danke, dass Sie uns beschützen.»

Ich habe gesagt, die Schweiz könnte ein Modell sein für Europa. Das muss auf den ersten Blick verwundern. Denn immer finden die Schweizer – genau wie die Staaten der Europäischen Gemeinschaft – einen Grund, aufeinander einzuschlagen, wenn auch oft mit einem gewissen Humor. Da hat zum Beispiel der neue Trainer der eidgenössischen Fußballnationalmannschaft, ein Welsch-Schweizer, bei seinem Amtsantritt eine Pressekonferenz gegeben und angekündigt, er wolle ein paar welsche Tugenden ins Spiel der Equipe bringen. Er dachte wohl an französisch inspirierten Spielwitz und Eleganz. Ein Reporter aus Zürich, also der deutschsprachigen Schweiz, stand auf und sagte: «Welsche Tugenden!?» Ein hübsches Wortspiel: *Welches* sollen *welsche* Tugenden wohl sein? In der Politik ist es nicht anders. Man braucht nur die Zeitungen zu lesen, immer schimpfen sie über die Hauptstadt Bern: «Unser Kanton hat nur einen Repräsentanten im Kabinett! Das ist eine Unverschämtheit!» Und jeder schimpft auf jeden, die wieder auf die anderen und so weiter. Aber dann kommt ein amerikanischer Anwalt mit einer Klage von vielen tausend Juden, die auf der Flucht vor den Nazis ihr Geld hier gelassen haben, und auf einmal sind all diese Leute Schweizer. Das ist sehr erstaunlich. Die Schweizer haben einen gewissen Nationalismus, aber dieser äußert sich nur, wenn es Probleme oder etwas zu feiern gibt wie 2003 den Wimbledon-Sieg Roger Federers. An jenem Sonntag im Juli waren sie alle Schweizer.

Das erinnert kurioserweise sehr stark an Israel, denn auch Israel ist ein sehr buntes Land mit polnischen Juden und westeuropäischen Juden und neuerdings den ganzen rus-

sischen Emigranten, mit Sephardim und Ashkenasim. All diese Leute gehen sich normalerweise gehörig auf den Wecker. Mit den Falascha aus Äthiopien ist es noch komplizierter, weil sie alle schwarz sind, und viele Israelis meinen, das können einfach keine Juden sein. Andere erwidern, dass es sie sogar schon seit 100 vor Christus gibt. Doch dann greift das Ausland Israel politisch an oder jemand zündet eine Bombe in einem Café, und sofort sind sie alle stolze Bürger des Staates Israel. Das ist eine ganz natürliche Reaktion, vor allem in kleineren Gesellschaften.
In Deutschland und anderswo gab es eine gewisse Schadenfreude, als die Schweiz sich vor kurzem mit der teuren Klage amerikanischer Anwälte konfrontiert sah, die auf Herausgabe der jüdischen Guthaben auf Schweizer Banken zielte. Das war eine unangenehme und ungewohnte Situation für die Schweiz, plötzlich vor aller Augen auf dem Sünderbänkchen zu sitzen. Dort sitzen eigentlich immer die anderen, wie es ein hierzulande verbreitetes Vorurteil will. Wenn zum Beispiel ein Einbruch stattfindet, sagt die Schweizer Polizei sofort: «Das waren Auswärtige.» Ich erinnere mich noch daran, wie ich kurz nach dem Krieg mit meinem Auto, einem Cabriolet, durch Basel gefahren bin. In der Straße vor dem Hotel «Die drei Könige» habe ich es abgestellt und wollte mein Gepäck mitnehmen. Doch der Hoteldirektor beruhigte mich: «Sie können Ihre Sachen über Nacht im Wagen lassen.» Ich war erstaunt: «Ist das nicht gefährlich?» Der Direktor: «Wenn etwas gestohlen wird, nennen Sie mir den Wert, und ich werde es Ihnen ersetzen, aber ich garantiere Ihnen, dass nichts angerührt wird.» Am nächsten Morgen befand sich mein Gepäck genau dort, wo ich es hinterlassen hatte. Und der Hoteldirektor konnte seinen Stolz auf die Redlichkeit seiner Landsleute nicht verbergen.

Natürlich müssen die Banken die jüdischen Guthaben zurückgeben, und sie haben es ja auch einigermaßen zügig getan. Wenn also die Amerikaner die Reaktion der Schweizer auf die Deutschen zwischen 1933 und 1945 kritisieren, dann sollten sie einmal auf eine Landkarte schauen. Zu jener Zeit war die Schweiz umzingelt. Frankreich war besetzt von den Deutschen, Deutschland war besetzt von den Deutschen, Österreich war besetzt von den Deutschen, Italien war faschistisch, da gab es kaum ein Schlupfloch zum Atemholen. Wie kann man verlangen, dass sich ein Land in solch einer Lage besonders couragiert zeigt? Die Schweiz hat damals sehr viel für Flüchtlinge getan. Es gab ein lebendiges jüdisches Theater, es gab deutsches Theater von Exilanten, viele großartige Künstler, die hier überlebt haben mit anderen Verfolgten. Was kann man mehr verlangen? Mein Vater hat hier während des Krieges eine Zeit lang unter gefährlichen Umständen gelebt. Einmal saß er im Hotel «Zum Storchen» in Zürich. Das war der Treffpunkt der Gestapo-Leute, das Haus war immer voll von Deutschen, die sehr laut sprachen und lachten. Mein Vater saß da, gleich neben ihm ein Tisch mit lauter deutschen Offizieren, Soldaten und Botschaftsleuten. Da ging ein Schweizer Offizier, als sie gerade wieder auf Hochdeutsch herumgrölten, zu ihrem Tisch und sagte: «Bitte sprechen Sie Ihre unbeliebte Sprache nicht hier.» Das war mutig.
Nein, man tut der Schweiz Unrecht, wenn man sie wegen ihres Verhaltens in diesen Jahren attackiert oder sie auf die Praktiken einiger ihrer Bankiers reduziert. Kurioserweise hebt ein anderes altes Vorurteil gegen die Schweiz auf ihre friedlichen, gesittet demokratischen Zustände ab und nicht auf die zwielichtige Banken- und Hotelrepublik. Es kommt etwa im «Dritten Mann» vor. Viele von uns erinnern sich an den Film, an die Szene auf dem Riesenrad im Wiener Pra-

ter. Da sagt der Gangster Harry Lime, meisterhaft gespielt von Orson Welles: «Schauen Sie sich Italien an: Immer nur Diktaturen, Tyrannen, Condottieri. Und was ist dabei herausgekommen? Michelangelo, Leonardo, Raffael. Und die Schweiz? Fünfhundert Jahre Demokratie. Und was ist dabei herausgekommen? Kuckucksuhren!» Ich bezweifle, dass die Kuckucksuhr eine Schweizer Erfindung ist, es gibt auch Schwarzwälder Kuckucksuhren. Weil die Schweizer so viele Sprachen sprechen, wie Deutsch, Italienisch, Französisch, Rätoromanisch, vergisst man gern, wie viele große Künstler Schweizer sind und waren. Man vergisst die Maler Holbein, Arnold Böcklin, Paul Klee, Alberto Giacometti. Man vergisst die Schriftsteller Robert Walser, Gottfried Keller, Conrad Ferdinand Meyer: Schweizer! Hermann Hesse ist Schweizer geworden wie Thomas Mann, Dürrenmatt war Schweizer, Frisch war Schweizer. Der Regisseur Jean-Luc Godard, ein Pionier der Nouvelle Vague, der Jean-Paul Belmondo in «Außer Atem» entdeckte, ist Schweizer. Und Michel Simon ebenso, einer der größten Stars des französischen Films. Dass Nabokov Schweizer geworden wäre, kann man nicht sagen. Nabokov war sehr russisch, peinlich russisch, und ich erzähle gleich mehr von ihm.

Ein kroatischer Shakespeare

In der Literatur kann man Überraschungen erleben, die uns auf Traditionen in Ländern verweisen, von denen wir nicht viel wissen: Ich habe einmal einen sehr interessanten Augenblick in Dalmatien erlebt. Ich war in Dubrovnik und bin spazieren gegangen, auf einmal stoße ich auf eine Art improvisiertes Open-Air-Theater. Die Leute spielten, halb in einem dalmatinischen Dialekt, halb auf Italienisch, ein Stück, das mir seltsam bekannt vorkam. Es erinnerte an den «Merchant of Venice», den «Kaufmann von Venedig», aber da waren auch kleine Unterschiede. Einer spielte den Juden, ein anderer einen deutschen Baron, sehr gut aussehend, ganz in Weiß gekleidet, mit einem Borsalino – das gibt es wirklich nicht bei Shakespeare. Ich fragte mich: Um Gottes willen, was ist das? Das ist entweder eine sehr moderne Adaptation des Shakespeare-Stückes oder etwas ganz anderes. Schließlich fand ich heraus, dass sie ein Stück aufführten, das 1414 von einem kroatischen Theaterautor geschrieben worden war, 1414, viele Jahre vor Shakespeare. Aber er hat dieselben Quellen wie Shakespeare benutzt, offenbar irgendeinen italienischen Stoff. Der Dramaturg hieß Drzic, aber seine Geschichte war nicht genau die von Shakespeare. Er ließ zwei kroatische Kaufmänner nach Rom gehen, um zu sehen, was sie sich da erlauben können. Sie nehmen Geld von einem jüdischen Makler, haben aber Schwierigkeiten, es zurückzuzahlen. Da kommt der deutsche Baron und will ihnen helfen, kurz: eine komplizierte Geschichte. Das Komische war der jüdische Kaufmann, er trug seine ganze Ware am Innenfutter seines Mantels. Alle Uhren, allen Schmuck, alle Juwelen, die er von den Leuten als Pfand bekomen oder ihnen abgekauft hatte. Er sagte, ans Publikum gewandt: «So, jetzt habe ich eine halbe Stunde frei, was soll ich machen mit dieser Zeit? Oh, ich weiß schon, als guter Jude werde ich nach Hause gehen und auf den Messias warten.» Dieses Theaterstück erstaunte mich, und es zeigte, dass alle damaligen Theaterautoren sich auf bekannte Geschichten bezogen. Es wimmelte förmlich von Romeos und Julias, aber überall sind sie ein anderes Paar. Ich selbst habe 1956 im Piccadilly Theatre in London ebenfalls ein Romeo-und-Julia-Stück inszeniert: «Romanov und Julia». Ich habe es auch geschrieben und eine Rolle darin gespielt. Shakespeare war immer ein Mann der Straße. Goethe ist vergleichsweise sehr intellektuell. Das ist der Unterschied zwischen Goethe und Shakespeare. Shakespeare saß manchmal abends in einer Kaschemme, um ihn herum die Schauspieler und Freunde, und es konnte vorkommen, dass er sagte: Hast du einen Augenblick frei, kannst du diese Szene zu Ende schreiben? Ich muss dringend los und eine Kuh verkaufen. Solche Probleme hatte Goethe wirklich nicht. Er war schon mit ästhetischen Problemen beschäftigt, die es bei Shakespeare nicht gab. Seine Poesie war völlig instinktiv und auch populär. Das muss man verstehen, obwohl auch Shakespeare sehr abstrakt sein kann und sehr tief. Man kann ihn auf hundert verschiedene Arten spielen. Das zeigt sich besonders bei «Julius Cäsar»: Es wurde als antifaschistisches Stück aufgeführt, von Mussolini aber auch als faschistisches Stück, denn für ihn sah es faschistisch aus. Man kann mit Shakespeare machen, was man will.

Begegnung mit Desmond Tutu

Meine Entdeckung des kroatischen Shakespeare machte ich in Dubrovnik, einer Stadt, die Jahre später, während dieses entsetzlichen Ausbruchs von Vorurteilen auf dem Balkan, viele Tote zu beklagen hatte, wie fast alle Städte Jugoslawiens. Man sieht heute noch nicht recht, wie die Serben, Kroaten, Albaner, Mazedonier, Bosnier wieder friedlich zusammenleben können. Vielleicht kann ihnen, was in Südafrika geleistet worden ist, eine Hilfe sein. Meine Begegnung mit Desmond Tutu war eine hochinteressante Sache, und ich bewundere diesen afrikanischen Erzbischof sehr. Die Unterreihe seiner Zähne schiebt sich vor die Oberreihe, ich mag solche Gesichter. Er hat mir während dieser «Truth and Reconciliation Trials», bei denen scheußliche Berichte von Exfeldwebeln aus dem Lager weißer Afrikaner zu hören waren, erzählt: «Wissen Sie, ich muss Ihnen sagen, dass ich eigentlich nie einen Ruf in die Kirche vernommen habe. Ich suchte nur nach einem Ort, wo einem schwarzen Jungen wie mir wenigstens ein Teil der Chancen geboten wurde, die ein weißer Junge hatte. Erst als ich dann in der Kirche war, begann ich zu glauben – und so lass uns jetzt beten.» Das hat mich bewegt, und ich musste so tun, als ob ich betete, weil er das auch tat.

Dann unterhielten wir uns weiter: «Eines erstaunt mich, Exzellenz, Sie sind sehr natürlich, sehr christlich. Aber die Buren sind auch sehr christlich, sehr gläubig. Oder ist das alles Pharisäertum? Die Buren danken Gott, dass Er sie anders geschaffen hat als die anderen, aber wenn Gott der Herr es wünscht, sind sie gern bereit, die anderen von ihrer Ordnung zu überzeugen. Amen! Ihr aber, ihr schwarzafrikanischen Christen, seid viel choreographischer und symphonischer. Ich sehe nicht genau, wo diese zwei Aspekte von Christentum sich begegnen.» Tutu hat mir geantwortet: «Sie dürfen nicht so streng über die Buren urteilen.» Seine Aufforderung wunderte mich, weil ich gerade während der letzten drei Tage einen langen Katalog von Gräueltaten präsentiert bekommen hatte, und daher bat ich ihn, das zu erklären: «Well, you know, wie alle Minderheitenvölker glauben sich die Buren von einer Mehrheit umzingelt, von der sie geschluckt werden könnten. Also suchen sie Zuflucht in der Vorstellung, zu einer auserwählten Rasse zu gehören. Das ist übrigens nicht das erste Beispiel in der

Geschichte.» Das war sehr klug; ein Gericht, das unter dem Vorsitz eines Erzbischofs zusammentritt, ist eben etwas anderes als eines unter einem Richter. Ich hoffe wirklich, dass sie eines Tages alle in dieselbe Richtung schauen. Desmond Tutu ist ein herausragender Charakter, genau wie Nelson Mandela und wie Kofi Annan. Sie sind starke Figuren in einem Afrika, das sehr viel Leid erfahren musste. Und nun gibt es da auf einmal durch diese drei Figuren einen neuen Geist.

Ein Blick auf Deutschland

Erzbischof Tutu hat ein schönes Beispiel für Versöhnung gegeben und damit hoffentlich auch gezeigt, auf welchem Wege man Vorurteile abbauen kann, in deren Namen Menschen jahrzehntelang unterdrückt und ermordet wurden. Desmond Tutu hat mir auch gesagt, nicht zum einzigen Mal in der Geschichte sei ein Volk wie das der Buren vorgekommen. In der Tat haben auch die Deutschen lange ähnlich gefühlt, als wenn die Welt voller Teufel wäre. Als sie sich Ende des 19. Jahrhunderts als Nation gründeten, sahen die Deutschen nur Feinde um sich herum und haben ihre Geschichte so konstruiert, dass sie sich immer schon gegen andere Staaten und Mächte durchsetzen mussten: Luther gegen Rom und noch früher Arminius gegen die Römer. Dies war auch eine Folge der Befreiungskriege Anfang des 19. Jahrhunderts gegen Napoleon, der noch viel schlimmer war, als man gemeinhin denkt. Immerhin, er lebte in einer viel geschmackvolleren Zeit als Hitler, der fing schon sehr schlecht an; als Symbol ein braunes Hemd zu nehmen, wer hat je an ein braunes Hemd gedacht, der nicht wirklich krank war? Ich glaube, Napoleon ist durch Deutschland marschiert und hat hessische Regimenter benutzt, um gegen sächsische Soldaten zu kämpfen, oder die Sachsen gegen die Hessen gehetzt. Wenn man schon einen Anflug von Nationalismus hatte, wurde er dadurch nur noch verstärkt. Unter diesen Eindrücken haben die Deutschen angefangen, nach ihrer Identität zu fragen. Sie bildete sich nicht aus Eigenem heraus, sondern in erster Linie in der Abwehr des Anderen. Dieses Andere war zunächst der napoleonische Besatzer, dann Frankreich überhaupt. Nicht umsonst hat Bismarck sich als Ort der Reichsgründung 1871 den Spiegelsaal von Versailles ausgesucht, das Schloss der französischen Kriege. Nicht umsonst ging der dritte und letzte «Einigungskrieg» der Deutschen gegen Frankreich. Danach wollten die Deutschen auch ein Stück vom großen Kuchen, den die Franzosen und Engländer schon unter sich aufgeteilt hatten, wobei ein paar Stücke auch für die Holländer, Portugiesen oder Spanier abgefallen waren. Wir wissen heute, dass dies alles ein schlimmes Ende genommen hat. Zunächst im Ersten Weltkrieg, dann unter Hitler, der die Deutschen in dem Gefühl bestärkte, von den anderen immer schlecht behandelt worden zu sein. Nun glaubte er, das Recht zu haben, die anderen schlecht zu behandeln. Dennoch hatten wir nach dem Zweiten Weltkrieg Mitleid mit dem geschlagenen deutschen Volk.

Natürlich: Beim Anblick der Konzentrationslager, der Millionen von Opfern, konnte man nur Hass empfinden, und dass die Deutschen nichts davon gewusst haben sollen, schien uns in England unwahrscheinlich. Das Einmalige war ja nicht nur, wie Hannah Arendt schrieb, die unvorstellbar große Zahl der Toten, das war furchtbar genug, sondern das Einmalige der Hitlerei ist das industrielle Morden, dass Leute wie Eichmann, der eigentlich nur ein Offiziant

für große Fabriken war, sich eine Liste von Namen anlegte, als wollte er Staubsauger verkaufen. Leider waren es Menschen. Es schien ihm ganz natürlich, dass man Menschen so traktiert. Es gibt ja diese Fälle von Nazis, die nach 1945 angeklagt wurden, denen man, sagen wir, 4326 Morde an Juden vorwarf und die sich dann damit «verteidigten», es seien nur 3907 Morde gewesen. Ich habe ein kleines Buch veröffentlicht mit Karikaturen zu genau diesem Thema: «We're only human» – «Wir waren nur Menschen». Ich hab es für Fred Zinnemann gezeichnet und geschrieben. Weil er sich die Schrecken sehr zu Herzen nahm. Er war Jude, österreichischer Jude, und sein Vater ein berühmter Arzt. Fred drehte den großen Western «12 Uhr mittags». Er war ein sehr kultivierter Mann, und ich mochte ihn ungeheuer gern.
Nach dem Zweiten Weltkrieg hatten die Deutschen – und wir alle – das Glück, einige Menschen vom Verstand und Weitblick eines Desmond Tutu zu haben. Die erste außerordentlich intelligente Maßnahme nach all dem Grauen war der Marshall-Plan. Zum ersten Mal eilte ein großes Land zur Rettung einer Zivilbevölkerung herbei. Ich weiß nicht, von wem die Idee damals kam, aber wenn sie wirklich von einem General stammt, ist das eine einmalige Sache. George Catlett Marshall musste sehr klug gewesen sein, um sich so einen Plan auszudenken. Er sah voraus, was geschehen könnte, wenn man Deutschland – wie Morgenthau das wollte – in die Steinzeit zurückverwandelt hätte.

Über Bärte

Ich glaube, Deutschland hat einen Komplex wegen seiner kaiserlich-militärischen Vergangenheit und will nie wieder in eine solche Falle geraten. Erst nach langem Abwägen konnte man sich dazu entscheiden, Soldaten ins Ausland zu schicken, um mit internationalem Mandat den Frieden zu sichern. Deutschland hat heute ein anderes moralisches Gewicht und zeigt ein anderes Gesicht. Man sieht es schon bei den Polizisten, die tragen problemlos Bärte und lange Haare. Die englische Polizei würde das nie erlauben, außer man hat eine Hautkrankheit, dann darf man einen ganz dünnen Bart tragen. Die Taliban wären in England also nicht tauglich für den Polizeidienst, denn bei ihnen herrscht eine Art Bart*zwang*. Wenn ein Mann unter den Taliban ohne Bart angetroffen wurde, dann drohte ihm Auspeitschung oder noch Schlimmeres. Nun ja, die Amerikaner werden dort sicher bald eine Gillette-Fabrik aufmachen.

Aus den Bärten ließe sich auch eine schöne Geschichte des Vorurteils herauskämmen, eine haarige Geschichte über Männer in den verschiedensten Kulturen und Zeiten. Die verbindliche Vorstellung im 19. Jahrhundert wollte, dass der europäische Mann einen Vollbart trug. Marx hatte einen, Freud ebenfalls, nicht so lang, aber immerhin. Der Bart galt als Zeichen bürgerlicher Respektabilität. Großadmiral von Tirpitz hatte gleich zwei Bärte. Nur Ernst Jünger war, im 20. Jahrhundert, nackt im Gesicht. Da hat der Offizier sich bei ihm durchgesetzt, der glatt rasierte deutsche Offizier. Und die Nazis trugen keine Bärte, außer dem einen, und das war nur ein lächerlicher Schnauzbart. Wenn die Legende stimmt, muss Hitler sich bis zum Tobsuchtsanfall darüber geärgert haben, dass er Charlie Chaplin ähnlich sah. Es kann aber auch umgekehrt gewesen sein.

«Mein» Russland

Ich habe 1983 ein Buch veröffentlicht, das «Mein Rußland» heißt. Über den Titel waren viele erstaunt, denn Russland gehört mir schließlich nicht, und ich will es auch gar nicht haben. Aber bei meiner Familiengeschichte gehöre ich, auch wenn mein Großvater vom Zaren des Landes verwiesen worden ist, in gewisser Weise dazu. Ich bin öfter nach Russland eingeladen worden, einmal erhielt ich sogar ein Fax aus einer Dorfschule: «Komm bitte zurück. Wir vergeben dir alles!» Das war noch zu sowjetischen Zeiten, denn die Menschen hatten sich über mein Buch gewundert und gefreut, und das wiederum hat mich gefreut. Sie fühlten sich als Menschen verstanden und nicht als Bolschewiki, Apparatschiks, Komsomolzen oder als slawische Dummköpfe verunglimpft. Nach einer Lesung von «Mein Rußland» sprach mich eine alte Dame an. Sie erinnerte sich noch sehr lebhaft an Lenins Oktoberrevolution und sagte mir völlig unvermittelt über dessen Mitstreiter: «Lunatscharskij war ein großer Geist, aber niemand tanzte wie Bucharin.»
Die Menschen sind in Russland nicht anders als in Westeuropa, aber sie haben natürlich eine andere Geschichte. Sie waren immer von Europa getrennt; von den Mongolen sind sie nordwärts geschoben worden. Auch die Tatsache, dass Russland im Gegensatz zu Europa kaum Seegrenzen hat, denn diese sind meist zugefroren, dafür aber viel freies, leeres Land, spielt eine große Rolle für das Verständnis dieser Kultur. Und natürlich haben sie ein anderes Konzept von Zeit, wenn die Dörfer vierzig und mehr Kilometer im tiefsten Schnee und Eis auseinander liegen und nicht nur fünf oder zehn bei vergleichsweise milden Temperaturen. Nach europäischen Vorstellungen waren die Russen früher immer verspätet. Wie sollte es auch anders sein? Jetzt

sind sie stets präzise. Das gilt auch für Künstler wie Nikolaj Rimski-Korsakow, der herausfinden wollte, wie man richtig komponiert, und dann gleich achtzig oder neunzig Fugen für Blasinstrumente geschrieben hat. Nicht etwa zur Aufführung, nur zur Übung! Die zwei Seiten der russischen Psyche glaube ich gut zu verstehen: das Chaotische und das Pedantische, das Verrückte und das Ultraakademische.

Ich habe damals geschrieben, dass ich nicht patriotisch empfinden kann, denn schließlich bin ich ja kein Russe. Aber ich empfinde es als sehr amüsant, wenn ich dort mit einer Inszenierung bin, etwa im Bolschoj-Theater mit der «Liebe zu den drei Orangen», und die «Iswestija» am nächsten Morgen schreibt: «Engländer rettet das Bolschoj.» Wenn man mich in Moskau als Engländer begrüßt, dann fühle ich mich ausnahmsweise als Ausländer und nicht mehr im Exil. Das Gefühl beschlich mich auch vor den Plakaten zur Oper, die überall in den Straßen hingen. Unten drauf stand nämlich: «Regie: Pjotr A. Ustinov, Britannia, Assistent: Piotr Salsa, Polska», als wären wir Hammerwerfer bei den Olympischen Spielen.

In China

Als Botschafter der UNICEF war ich mit meiner Frau Hélène Mitte der achtziger Jahre in China. Wir kamen in ein Dorf in der Gansu-Provinz, einer besonders armen Region. Dort gab es nichts als Sand, und die Leute lebten zum Teil in Höhlen. In einer dieser Höhlen, die schon Mao Tse-tung während des «Langen Marsches» als Schlafquartier gedient hatte, habe ich für zweihundert Kinder allerhand Tiere nachgemacht. Die Leute in diesem Dorf hatten wirklich nichts. Sie lebten noch in ganz primitiven Verhältnissen. Keine Elektrizität, also auch kein Fernsehen und keinerlei Kontakt zur Außenwelt. Inzwischen hat die chinesische Regierung dort riesige Sonnenkollektoren aufstellen lassen. Wir ließen uns nieder, die Leute begannen, Tee zu kochen, nach einer Dreiviertelstunde fing es endlich an zu zischen. Immer wieder schaute uns eine alte Dame an, musste lachen und verbarg ihr Gesicht dann hinter den Händen. Offenbar genierte sie sich, aber sie war auch neugierig, denn lange hielt sie ihr Gesicht nie verborgen. So wenig wie die anderen Dorfbewohner hatte sie je einen Menschen gesehen, der nicht aus China kam. Ich war für die UNICEF dort, um Kinder gegen Polio zu impfen. Da bemerkten die Kinder und die jungen Leute, dass meine Frau einen roten Lack auf ihren Fingern trug. Sofort wichen sie zurück, denn sie dachten, das sei eine gefährliche Krankheit. Schließlich fasste sich eine junge Dame ein Herz, griff die Hand meiner Frau und fing an zu kratzen. Siehe da, die rote Farbe verschwand. Große Erleichterung in den Gesichtern.

Ein kleiner Hund knurrte wütend, als er uns sah. Er spürte wohl, dass wir keine Chinesen waren, und hatte ganz offenbar Vorurteile, genauso wie ein alter Soldat im Ruhestand, der uns argwöhnisch musterte. Nach dem Tee ging es wieder in eine Höhle, wo den Kindern die Impftabletten verabreicht werden sollten. Ein älterer Herr, offenbar der Medizinmann im Dorf, wollte sich der Sache annehmen und nahm einen funkelnden metallischen Gegenstand, der mich auf unangenehmste Art an meinen Zahnarzt erinnerte. Damit beförderte er die Pillen in die Münder der Kinder. Nicht nur bei mir regten sich flaue Gefühle: Die Kinder trauten sich nicht zu protestieren und schluckten die Pillen. Die Säuglinge aber spuckten sie gleich wieder aus. Der Höhlenboden war übersät von Pillen. Ich verstehe zwar nicht viel von Medizin, aber ich habe den Alten schließlich gefragt: «Haben Sie keinen Löffel?» – «Einen Löffel?» – «Ja, einen Löffel.» Sie hatten einen aus grünem Bakelit, und der sah schon bedeutend freundlicher aus als das blitzende Instrument des Medizinmanns. Ich bat den Alten, es einmal mit ihm probieren zu dürfen, nahm den Löffel, legte die Pille darauf und schob ihn dem Baby in den Mund. Es schluckte die Pille. So ging das noch einige Male. Der alte Mann sah mich an. Ich habe noch nie so viel Hass in einem Gesicht gesehen. Ich hatte erfolgreich in seine Kompetenzen eingegriffen. Dabei hätte ich, in anderer Hinsicht, wohl auch manches von ihm lernen können.

Während des chinesischen Bürgerkriegs hatte UNICEF beide verfeindete Seiten mit Medikamenten beliefert, oft über die Linien von Mao Tse-tung oder Tschiang Kai-schek hinweg. Weil beide Parteien profitiert haben, waren die Chinesen davon überzeugt, dass wir nicht als eine dieser politischen Organisationen kamen, die von den Amerikanern finanziert oder von den Amerikanern für Spionagezwecke benutzt werden, sondern dass es uns wirklich um die chinesischen Kinder ging.

Ich habe immer ein wenig die Seite der Chinesen vertreten, wenn die Amerikaner ihnen vorwarfen, keine humanen Waisenhäuser zu unterhalten. Die Leute, die solche Berichte verfasst haben, wussten nicht, dass die Chinesen UNICEF zuvor schon gebeten hatten, sich um die Waisenhäuser zu kümmern. Sie haben uns damals gesagt: Wir haben keine Erfahrung mit Waisenhäusern. Helfen Sie uns. Obwohl sie diese Bitte geäußert hatten, wurde die internationale Kritik fortgesetzt, so als ob die Chinesen alle Unmenschen seien. Doch ich will nicht abstreiten: Bei einer Bevölkerung von über einer Milliarde Menschen hat das Leben des Einzelnen manchmal einen schwereren Stand.

Indische Kühe

Der indische Taxifahrer rast durch die Dörfer und bremst nicht. Er fährt nicht einmal langsamer, und manchmal, wenn eine Verkehrsinsel in der Mitte der Straße liegt, fährt er auf der falschen Seite vorbei, um schneller voranzukommen. Der Taxifahrer rast einfach gegen den Strom. Nur wenn eine Kuh auftaucht, dann stockt er, weil die Kuh heilig ist. Aber für Menschen bremst er nicht. Er dreht sich zu seinem Fahrgast um und sagt lächelnd: «No problem.»
So wurde es mir vor meiner ersten Indien-Reise gesagt. Und ich habe tatsächlich einige abenteuerliche Fahrten in indischen Taxis unternommen. Aber ich habe festgestellt, dass dem Fahrer der Tod von Menschen keineswegs egal ist, wie es das gängige Vorurteil sagt. Er verlässt sich bloß darauf, dass die Menschen anders als die Kühe rechtzeitig zur Seite springen. Ob auch indische Intellektuelle an die Heiligkeit der Kühe glauben? Man sieht, die Kühe gehen auch auf Bahnhöfe, und manche Kuh will in den Zug rein, aber sie passt nicht durch die Tür. Heilige Kühe sind ja bei uns auch ein anderer Name für Vorurteile. Heilige Kühe, an denen darf man nicht zweifeln. Wir erleben das Resultat.

In Thailand saßen meine Frau Hélène und ich in unserem Hotel in Phuket, in dem wir seit langem die Jahreswechsel verbringen. Auf einmal hörten wir einen sonderbaren Lärm. Er schien aus der Heizung oder dem Ventilator zu kommen. Da ich wusste, dass manchmal Schlangen im Hotel gefunden wurden, einmal sogar ein Python, haben wir die Rezeption angerufen. Ein Techniker kam in unser Zimmer und bat uns, in den Nebenraum zu gehen: «Ich mache das schon.» Minuten später erschien er mit einem Sack, in dem sich etwas bewegte. «Was haben Sie denn da gefun-

den?» – «Nichts.» – «Nichts, was heißt das?» – «Nichts, eine Ratte. Ich glaube, sie ist reingekommen, weil das Belüftungsrohr am Ende offen ist, aber wir haben es jetzt repariert, wir haben es vergittert.» – «Was machen Sie mit der Ratte?» – «Wir entlassen sie in den Dschungel.»
Der Hoteltechniker war ein Buddhist. Buddhisten rühren keine Ratte an, sie töten sie nicht. Meine Frau und ich hofften, dass es nun vorbei sei, da fing es am nächsten Tag wieder an zu kratzen. Ich dachte: Vielleicht war das gestern eine weibliche Ratte, sie hat Junge bekommen. Wieder kam der Techniker, wieder bat er uns ins Nebenzimmer, und wieder kam er mit einem Sack heraus, in dem etwas zappelte. Ich fragte: «Hatte die Ratte Kinder?» – «Nein, diesmal war es eine Maus. Wir werden das Gitter austauschen und eines mit engeren Maschen einsetzen.» Auch die Maus wurde in den Dschungel entlassen. Das ist Respekt vor dem Leben. Gelegentlich höre ich, dieser Respekt halte die Leute aber nicht davon ab, ihre Töchter als Huren nach Bangkok zu verkaufen. Dies ist ein typisch westliches Vorurteil. Ein Vorurteil ist es, weil es Nachbarschaft zwischen der heiligen Ratte und den unheiligen Frauen herstellt, die es in der buddhistischen Wirklichkeit nicht gibt. Wer seine Töchter verkauft, handelt aus einer Not, die wir uns im Westen nicht vorstellen können.

Charlie Chaplins Schüchternheit

Mit Charlie Chaplin lebte ich nach 1960 einige Jahre lang in Nachbarschaft: er in seiner Altersresidenz in Vevey, wo er später auch beerdigt wurde, ich im Apartmenthaus des Hotels «Montreux Palace», nur sechs Kilometer entfernt.

Doch Chaplin interessierte sich nicht besonders für mich, bis er herausfand, dass wir am selben Tag Geburtstag hatten. Las er Horoskope? Wenn wir uns, was selten geschah, trafen, guckte er mich immer an, als ob ich ihm gehörte, sozusagen sein Eigentum wäre. Dann rief er mich eines Tages an im Hotel: «Peter, vielleicht weißt du das nicht, aber ich bin sehr schüchtern.» Ich daraufhin: «Nein, Charles, das kann ich mir nicht vorstellen, wenn ich an deine Filme denke.» – «Ja, aber es ist so, im Leben bin ich sehr schüchtern.» – «Doch um mir das zu verraten, rufst du mich sicher nicht an.» – «Nein, ich habe einen Preis bekommen, leider nur einen halben, den Rasmussen-Preis oder so ähnlich. Er wird irgendwo im Norden vergeben.» Ich klärte ihn auf: «Das muss der Erasmus-Preis sein, er wird in Holland vergeben, von der Königin, und er ist sehr bedeutend.» Chaplin kam in Fahrt: «Das ist es ja gerade. Du sagst, der Preis sei bedeutend, und dennoch mutet man mir zu, ihn zu teilen. Mit einem völlig unbekannten Norweger, er soll Ingo Bergström heißen.» – «Ich vermute mal, der andere Preisträger ist Ingmar Bergman.» – «Richtig», sagte Chaplin, «so ist es, ich lese seinen Namen gerade auf der Einladung.» – «Nun, er ist alles andere als unbekannt, er ist übrigens kein Norweger, sondern Schwede und ein sehr großer Filmregisseur, sehr psychologisch, sehr interessant.» – «Ach wirklich, du kennst was von ihm?» – «Ja, ich kenne ihn sogar persönlich.» – «Hmh», sagte Chaplin und schwieg. «Hast du aufgelegt, oder bist du noch da?», fragte ich in die Stille. Er war noch da: «Ob bedeutend oder nicht, Schwede oder Norweger, ich muss bei der Preisvergabe eine Rede halten, und da ich dazu zu schüchtern bin, möchte ich dich bitten, dass du die Rede für mich hältst.» Ich fühlte mich überfallen, aber dann sagte ich ihm zu. Zusammen mit ihm und seiner Frau Oona fuhren wir nach Amsterdam. Wir besuchten das Rijksmuseum, und ich erinnere mich noch, dass wir lange vor Rembrandts «Nachtwache» und einem anderen düsteren Bild standen, auf dem traurig wirkende Herren zusammensaßen.

Am nächsten Tag der große Augenblick. Vor der Königin und Hunderten von Ehrengästen begann ich, meine Laudatio auf Charlie Chaplin zu halten. Ich hielt mich für ganz amüsant, aber kein Mensch lachte. Ich legte ein besonders gelungenes Witzchen nach. Nun lachte jemand ungefähr in der 34. Reihe. Es war wie bei einem tropischen Sturm, der sich ankündigte, aber nie ausbrach. Nur ein paar Tröpfchen auf dem Dach. Dafür brach bei mir langsam etwas aus: der Schweiß. Hatte ich die Kapazität des holländischen Humors überschätzt? Oder war ich an diesem Tage einfach nicht in Form? Ich beeilte mich, zum Schluss zu kommen, und verbeugte mich einmal, zweimal, dreimal. Bei meiner dritten Verbeugung schwoll der Beifall plötzlich zum Orkan. Hatten sie meinen Humor erst jetzt verstanden? War der Groschen im Publikum so spät gefallen? Nein, Chaplin hatte sich erhoben und watschelte zum Pult. Ich kann nicht sagen, dass er schüchtern wirkte, als er die Ovationen entgegennahm ...

Ingmar Bergman war gar nicht erschienen. Er ließ sich von einer Dame des schwedischen Hofes vertreten. Vor der kurzsichtigen Königin Juliana verbeugte sie sich bis zu den Knien, sodass sie ihren Blicken entschwand. Die Königin: «Komisch, ich dachte, da war gerade jemand.» Als die Dame ihren Kopf wieder hob, rötete sich Julianas Gesicht: «Sie müssen sich nicht verbeugen», zischte sie auf Englisch, «wir machen das nicht in Holland.» Die Schwedin, reichlich kess: «Wir machen's aber in Stockholm, Majestät.» Da zeigte sich Juliana leicht gereizt: «Wenn Sie in Rom sind, müssen Sie es nun einmal machen wie die Römer.» Zu mir sagte sie später: «Ich hoffe, ich war nicht zu unhöflich, aber ich hasse es, wenn Leute mich als etwas anderes als eine ganz normale Frau betrachten.» Ich dachte mir im Stillen: Wie kann sie das sein, wenn sie ihre Mahlzeiten jeden Abend in einem Schlosszimmer mit acht üppigen Rubens-Malereien zu sich nimmt? Dennoch: Holland hat sich von den europäischen Königshäusern, etwa im Vergleich zum englischen, immer noch am meisten bemüht, einfach zu sein, noch mehr als das spanische und die skandinavischen Königshäuser. Die Holländer waren liberale Pioniere, mit einer Königin auf dem Fahrrad.

Ich habe mich übrigens gar nicht gewundert, dass Charlie Chaplin Ingmar Bergman nicht kannte. Wie viele kreative Schauspieler, die ihre eigenen Geschichten schreiben und inszenieren, baute er ganz auf sich selbst. Es war für ihn normal, dass er wenig über andere wusste. Man glaubt immer: Wenn jemand eine Weltkarriere macht, dann weiß er über all seine Rivalen Bescheid. Das stimmt jedoch meistens nicht. Ein Künstler wie Charlie dachte nicht viel an die anderen. An die anderen denken eher Leute, die vielleicht nicht so begabt sind und sich darum auf die Konkurrenten stürzen müssen, um von ihren Ideen wachgeküsst und zu «eigenen» inspiriert zu werden.

Der einsame Peter Sellers

Peter Sellers, einer der großen und vielleicht feinsinnigsten britischen Komödianten des Hollywood-Kinos, war privat ein melancholischer Charakter. Ein bisschen so wie der einsame Gärtner, den er im Film «Willkommen, Mr. Chance» des Regisseurs Hal Ashby gespielt hat. Ich kannte den sympathischen, aber auch komplizierten Kollegen flüchtig, weil wir beide Boote besaßen. Meines war ein altes, 18 Meter langes Segelschiff, das ich noch heute besitze, es liegt meist vor Mallorca auf Anker; seines war ein sehr modernes Gin Palace, wie man so in Englisch sagt, mit dem neuesten Hi-Fi-Equipment, das Musik aus 18 Richtungen zur selben Zeit ertönen ließ. Wir bummelten einmal gemeinsam durch den Hafen von Saint-Tropez, und ich erlebte einen ganz und gar nicht komischen Menschen. Wie die meisten Komiker wusste er nicht, wie es zu seinem Leinwanderfolg gekommen war. Er kontrollierte sein Spiel weniger intellektuell, an Sellers war alles Instinkt, Intuition.

Im Frühjahr 1980 reiste ich nach Hollywood und wohnte wie üblich im Hotel. Da las ich in der Zeitung, dass Peter Sellers erneut einen Herzinfarkt erlitten hatte, und fuhr zu ihm ins Hospital. Ich war unsicher, was man mitbringen durfte, ich habe ihm Früchte, Blumen und Bücher aufs Tischchen gestellt. Er saß auf dem Bett mit Schläuchen in der Nase und versuchte aufzustehen. Auf einmal sagte er mir mit der Melancholie, die ich schon kannte, dass ich der Einzige sei, der ihn bisher besucht habe: «Und du wohnst gar nicht hier, du lebst in Europa.» Seine Worte machten mich verlegen. Es waren wirklich sonst keine Blumen im Zimmer, nichts, woran man hätte erkennen können, dass schon jemand bei ihm gewesen war. Wir hatten eine nicht sehr lange Unterhaltung. Zum Abschied wünschte ich ihm noch gute Besserung. Sterbenskrank haben sie ihn wohl noch nach London, in sein Heimatland, zurückgebracht. Wenig später ist der einsame Peter Sellers dort gestorben.

Groucho Marx, zum Beispiel

Die private Melancholie der öffentlichen Komiker habe ich oft beobachten können. Diese Hundegesichter der Possenreißer, wenn man sie auf der Straße oder beim Einkaufen trifft. Im Hilcrist-Club von Hollywood, einem Etablissement mit jüdisch-komischem Ambiente, saßen sie einmal an einem langen Tisch zusammen, die lebenden Legenden der alten, reichen komischen Epoche. Da saß Jack Benny, da hockte Fred Allen, da hatten Groucho Marx und George Burns Platz genommen, der trotz seiner Traurigkeit bald hundert Jahre alt wurde. Sie saßen da, acht oder neun berühmte Entertainer – und sagten kein Wort. Sie waren alle dunkel gekleidet und sahen unter dem matten Oberlicht, das mehr wie eine Funzel auf ihren Tisch leuchtete, noch düsterer, beinahe gespenstisch aus. Als ich sie entdeckte, glaubte ich, wieder vor Rembrandts «Nachtwache» zu stehen. Sie rauchten Zigarren und bewegten sich nicht. Bis Jack Benny das Schweigen brach: «Meine Freunde, ich brauche eure Hilfe. Was ist komischer? Wenn die alte jüdische Dame auf einer Bananenschale ausrutscht, während sie die Treppe hochsteigt, sodass sie herunterfällt, oder wenn sie auf der Bananenschale ausrutscht, noch bevor sie die Treppe erreicht, also beim ganz normalen Gehen durchs Haus?» Keine Antwort im Zigarrenqualm, langes Schweigen. Die acht oder neun dachten über die Frage ganz melancholisch nach. Keiner lachte. Da nahm George Burns seine nass gelutschte Zigarre aus dem Mund und sagte: «Try it both ways.» – «Versuch es auf beide Arten.»

Tanz mit Jayne Mansfield

Zweimal war ich auf einer Oscar-Verleihung, bei der ich den goldenen Knaben bekam: für eine Rolle in Stanley Kubricks «Spartacus» neben Kirk Douglas und für eine in der Krimikomödie «Topkapi», die Jules Dassin gedreht hat und in der ich mit Melina Mercouri und Maximilian Schell spielte. Dreimal ging ich hin, weil ich nominiert worden war, zum Beispiel für den Nero in «Quo Vadis», aber komischerweise leer ausging. In besonderer Erinnerung ist mir jedoch eine Oscar-Verleihung, bei der ich unter anderen geladenen Gästen nur als Statist auftauchte. Das war ein Jahr nachdem es in Hollywood ein leichtes kommerzielles Gewitter gegeben hatte: Die Reden der Preisträger auf der Bühne waren so selbstverliebt lang gewesen, dass die Sendezeit um sechs Minuten überschritten worden war, was den Fernsehsender, der die Show übertrug, Geld gekostet hatte. Also bat man die Oscar-Gewinner des folgenden Jahres, mit der Stoppuhr in der Hand zu sprechen. Sogar Susan Hayward, als Quatschkommode ebenso beliebt wie gefürchtet, hielt sich an den Befehl. Anders als gewohnt, dankte sie nicht ihrer Mutter, ihrem Mann, ihrem Lover, Maskenbildner und Friseur, sondern hauchte nur: «Thank you so much!» Und schon war sie weg. Ich befürchtete: Wenn das jetzt alle so machen, ist die Show sechs Minuten zu kurz, und es gibt schon wieder ein Fernsehgewitter. Als schließlich Jerry Lewis seinen Humor ins Mikrophon geflüstert hatte, zog er sich mit der Aufforderung «Everybody dances» aus der Affäre.

Jayne Mansfield, meine Nachbarin auf der Bühne, nahm das unglückseligerweise wörtlich und forderte mich auf. Nun gibt es auf der Welt keine zwei Leute, die schlechter zusammen tanzen als wir beide. Mir erschien ihre Umarmung, als sei ich im Rettungsboot auf der «Queen Mary». Ich konnte mich kaum bewegen, und mir gelang es auch nicht, mit meinen Händen die Mitte ihres Rückens zu erreichen. Ihr Busen war dazwischen. Genau wie eine Schwimmweste. Niemals kam mir ein kurzer Tanz so lang vor. Akrobatisch bemühte ich mich, uns im Gewühl der anderen Tanzenden zu verstecken. Aber diese schoben uns immer wieder in die Mitte. Seit diesem Fiasko habe ich Vorurteile gegen mächtige Busen.

Auch die Königin von England hat mich einmal aufs Parkett gezwungen. Sie fragte mich mit stählernem Blick: «Tanzen Sie nicht?» Ich antwortete: «Nein, ich tanze wirklich nicht.» – «Aber probieren wir es mal.» – «Sie werden es bedauern, Majestät.» Nach weniger als einer halben Minute hatte ich sie überzeugt. «Vielleicht sollten wir es wirklich lassen, Sir Peter.» Ich hatte inzwischen dreimal auf ihren Zehen gestanden, aber ich tanzte wenigstens Wange an Wange mit ihr. Die Anatomie Jayne Mansfields hatte mich auf fünfzig Zentimeter Abstand gehalten.

Nabokov was here

Mit Vladimir Nabokov lebte ich einige Jahre Tür an Tür: im Apartmenthaus des Hotels «Montreux Palace», in dem mich Chaplin angerufen hatte; er auf einer Etage, ich mit meiner zweiten Frau und unseren drei Kindern auf einer anderen. Ich glaube, Nabokov litt ein wenig darunter, dass sein Roman «Lolita» noch berühmter war als er selbst. Er war überhaupt ein komischer Kauz. Er sprach ein parfümiertes Englisch, als habe er es von einer schottischen

Gouvernante im 19. Jahrhundert gelernt. Sehr elegant und doch voller Phrasen. Im persönlichen Gespräch hatte er Wörter auf Lager, die außer ihm niemand benutzte und die auch mir unbekannt waren. Sogar in seinem Benehmen und seinen Ansichten war er eine Figur des 19. Jahrhunderts, sehr russisch, sehr aristokratisch. Ich werde nie vergessen, wie einmal ein Russe in unser Hotel kam. Da Nabokov unterwegs war, traf der junge Mann zufällig meine Wenigkeit an. Er stellte sich mir als Herr Stolypin vor, er sei ein Enkelkind des russischen Reformpolitikers Pjotr Arkadjewitsch Stolypin und wünsche sich nichts mehr, als Nabokov seine Aufwartung machen zu dürfen. Der Name Stolypin weckte mich: Der Großvater des jungen Besuchers war vor der russischen Revolution von 1917 ein ungewöhnlich liberaler Premierminister des Zaren. Noch bevor die Kommunisten die Macht ergriffen, haben ihn die «Sozialrevolutionäre» 1911 umgebracht, wohl weil sie sich dachten: Wenn der so weitermacht mit seinen Reformen, dann brauchen die Leute keinen Kommunismus mehr. Die Ehefrau Stolypins war eine Ustinova. Ich sprach Nabokov auf den Wunsch des jungen Mannes an. Er hob seinen Zeigefinger: «Ich will keinen Russen treffen. Das sind alles Kommunisten.» – «Nein», erklärte ich: «Er ist kein Kommunist. Er ist ein Nachkomme Stolypins. Dein Großvater und dein Onkel wurden doch auch getötet während der Revolution.» – «Ja», sagte Nabokov trocken: «But for other reasons.» – «Aber aus anderen Gründen.»

Nabokovs Sohn Dimitri war lang und dünn wie eine Spargelstange und kam ständig zum Tischtennisspielen ins Hotel. Er spielte auch mit meinen Kindern an der Platte und strengte sich dabei so an, dass er lauter stöhnte als Monica Seles und die Williams-Schwestern zusammen. Dimitri sah sich als einen frühen Michael Schumacher und wollte

darum ein besonders schnelles Auto kaufen. Von Papas dickem Portemonnaie natürlich, denn er selber hatte zwei linke Hände, tat nichts und lag dem Alten auf der Tasche. «Sie sind doch ein Autofan», sprach Vladimir Nabokov mich an: «Hätten Sie wohl die Güte, meinem Sohn zum richtigen Wagen zu verhelfen?» Ich beriet Nabokov so professionell, als arbeitete ich gegen Provision oder als säßen wir uns in einer orientalischen Eisenbahn gegenüber. Irgendwann landete ich bei Mercedes. Da unterbrach mich Nabokov, als habe er mir die ganze Zeit nicht zugehört, und fragte: «Ist Ferrari gut?» Und den hat der verwöhnte Bursche dann einfach bekommen.
Nabokov pflegte seine kleinen Vorurteile gegen alle Vernunft. Nachdem Jurij Aleksejewitsch Gagarin am 12. April 1961 als erster Mensch in einer sowjetischen Raumkapsel die Erde umkreist hatte, schüttelte Nabokov nur mit dem Kopf: «Nix Sputnik, nix Gagarin!» Er hielt den weltweit bezeugten Raketenflug für ein potemkinsches Dorf, eine Halluzination, für ein besonders abgefeimtes Theater der verhassten Sowjets. «Aber ich hab's im Fernsehen verfolgt», beteuerte ich, «da war wirklich ein Mann drin.» – «Ach, sie haben einen künstlichen Mann genommen, eine Puppe.» – «Nein, ich schwöre, ich habe sogar die Stimme dieses Gagarin gehört.» – «Ja, Stimme vom Tonband.» – «Du irrst, Vladimir. Die Stimme hat mit einem Observatorium Kontakt aufgenommen. Sie haben ihm Fragen gestellt, und er hat sie beantwortet. Wie soll ein Tonband das können?» – «Mit welchem Observatorium will er gesprochen haben?» – «Mit einem in Lissabon!» – «Ach, Portugal, hör doch auf!»
Als ich das Hotelleben satt hatte, kaufte ich mir und meiner Familie Anfang der sechziger Jahre ein Grundstück in den Bergen von Les Diablerets. Das ist ein winziges, einsam

gelegenes, oft auch im Sommer verschneites Alpenörtchen an der Passstraße von Montreux ins mondäne Gstaad. Im Winter überfluten Skifahrer den Geheimtipp und rasen die Piste des 3000 Meter hohen Gletschers zu Tal. Ich baute in Les Diablerets das einzige Haus meines Lebens, ein kleines Chalet. Noch während es gebaut wurde, fand ich überraschend heraus, dass Nabokov das Nachbargrundstück erworben hatte. Fehlte ich ihm? Wollte er unser Streitgespräch über Sputniks fortsetzen? Ich wunderte mich jedenfalls über seine Pläne, allerdings sah ich ihn nie auf seinem Grundstück. Eines Tages kam ich von einem Spaziergang zurück. Nabokov hatte uns besuchen wollen, vor der verschlossenen Tür gestanden und eine Nachricht ins Holz gekratzt: «Nabokov was here.» Ich habe sie mit einem Glas geschützt. So ist «Nabokov was here» noch heute an der Tür zu lesen. Das Autogramm schmückt nun die Praxis eines Arztes. Denn wir haben nur wenige Jahre in dem schönen Haus gewohnt. Mir war es irgendwann zu bunt, dass ich ständig im Schnee ausrutschte. Ich war damals zwar noch keine Fünfzig, aber auch kein Baby mehr. Babys und Katzen haben das Talent, sich nichts zu brechen, wenn sie auf die Nase fallen. Aber ich?

Simenon, die Pfeife

Wenn man Georges Simenon, den Schöpfer des Kommissars Maigret, am Ende seines Lebens gefragt hätte, wen er mehr geliebt habe, seine bald dreihundert Bücher oder die ihm nachgesagten zehntausend Frauen, dann hätte er wohl geantwortet: «Meine Pfeife.» Ich und andere, wir alle, die ihn kannten, haben ihn niemals ohne seine Pfeife gesehen.

Sie schien ihm wie seine Hand und sein Mund angewachsen zu sein. Obwohl er in der persönlichen Begegnung wie eine graue Maus wirken konnte, entfaltete er bei seiner literarischen Produktion die Kraft eines Elefanten. Nur war er nicht so behäbig wie das gewaltige Rüsseltier, sondern ging an seinem Schreibtisch so schnell wie ein Kaninchen zu Werke. Er hatte sein schriftstellerisches Handwerk bei der rasenden Niederschrift von Groschenromanen und erotischen Heftchen gelernt und steigerte es in Windeseile zu einer solchen Kunst, dass die Kritiker ihn mit Balzac verglichen und ihn einen «Proust für die normalen Leute» nannten. Dabei hat er sich mit manchen seiner exzellenten Romane oft nur wenige Tage oder Wochen aufgehalten. Ich habe diesen produktiven Homme de lettre und noch produktiveren Homme à femmes kennen gelernt, weil ich in zweiter Ehe mit Suzanne Cloutier, einer Kanadierin, verheiratet war. Simenon hatte ebenfalls eine Kanadierin geehelicht, die beiden Damen waren entfernte Cousinen. Wenn wir ihn in seinem Haus nahe Lausanne besuchten, tauchten wir in ein Interieur, das so anheimelnd wirkte wie ein Bunker der französischen Maginot-Linie, jenem Festungswall entlang der französischen Ostgrenze, den die deutschen Truppen 1940 dann einfach umgingen, indem sie durch Simenons Belgien nach Frankreich marschierten. Zum Glück nahmen wir davon nur wenig wahr, da Simenon das meiste mit seinem Pfeifenrauch vernebelte. Der Hausherr gab sich entschieden freundlicher als seine Möbel, und in meiner Vorurteilssammlung darf er nicht fehlen.

In den Jahren, während deren Simenon in den USA wohnte (wo hat er eigentlich nicht gewohnt?), ließ sich der französische Botschafter in London, Monsieur Massigli, ein Nationalereignis einfallen. Er wollte zu Simenons Ehren in

London ein Abendessen veranstalten und dazu alles einladen, was seiner Ansicht nach Rang und Namen hatte. Also rief er Simenon in Amerika an – einmal, zweimal, zehnmal. Bis endlich ein Termin gefunden war, welcher dem Mann mit der Pfeife recht war. Der Abend nahte, und alles war festlich gerichtet. An den Tischen mit peinlich genauer Platzkartenordnung saßen ausgesuchte Intellektuelle und solche, die sich für ausgesucht hielten. Regisseure, die seine Bücher verfilmt hatten. Pfeifenhersteller, deren Marken Simenon schätzte. Und ein entlegenes Katzentischchen war dem etwa zehnmillionsten Leser der Maigret-Romane reserviert. Nur auf die Einladung der Affären Simenons hatte Monsieur Massigli verzichtet. Der Festakt hätte in der Royal Albert Hall oder im Wembley-Stadion stattfinden müssen, und soweit ich weiß, waren sie an diesem Abend nicht frei. Den Herrschaften wurde die Suppe kredenzt, die Löffel schepperten, die Konversation war angeregt, sodass der französische Botschafter zufrieden von Ehrengast zu Ehrengast stolzierte: Der Abend für den «großen Sohn seiner Nation» schien gelungen. Da sah ich plötzlich, wie Monsieur Gérard André, der Sekretär Seiner Exzellenz, seinen Chef in ein aufgeregtes Gespräch verwickelte: «Monsieur Massigli», tuschel, tuschel, tuschel. Der eben noch rotwangige französische Botschafter wurde kreidebleich, ging wie eine an Schnüren gezogene Marionette auf Georges Simenon zu und stotterte sich in den vermutlich peinlichsten Dialog seines Lebens. Ich habe ihn noch im Ohr, als ob es gestern geschehen wäre: «Monsieur Simenon, je viens d'appendre une nouvelle importante, vous êtes Belge?» – «Herr Simenon, ich erfahre soeben eine wichtige Neuigkeit. Sie sind Belgier!?» – «Oui», antwortete Simenon. «Je suis Belge, toujours, c'est même écrit dans vos dictionnaires.» – «Ja, ich bin Belgier, und zwar immer noch, das steht sogar in Ihren Lexika.» Einigermaßen schockiert raffte der Botschafter nun sein ganzes diplomatisches Können zusammen und wandte sich an Simenons Ehefrau: «Mais vous Madame, vous au moins, vous êtes Française?» – «Aber Sie, Madame, Sie wenigstens sind Französin?» – «Oh non, je suis Canadienne.» – «Ich bin Kanadierin.»

Mit der Filmbesetzung seines Kommissars Maigret erlag Simenon selbst einem (positiven) Vorurteil. Seine Wahl fiel auf den Schauspieler Jean Richard, der Maigret von 1965 an beinahe dreißig Jahre lang verkörperte, mehr als neunzigmal. Doch Simenon empfand schon bald keine Freude mehr an seinem Favoriten und qualmte, Jean Richard sei «der schlechteste Maigret von allen»; er spiele ihn, als habe er «zu viel amerikanische Krimis gesehen». Auch das übrigens ein Vorurteilchen. Ich habe Jean Richard in anderen Filmen sehr bewundert, auch in «Candide» oder «Der Optimismus des 20. Jahrhunderts», der Filmversion eines in die Neuzeit verlegten Voltaire-Romans. In puncto Maigret aber teile ich Simenons Verriss, nur litt ich natürlich nicht so darunter. Heinz Rühmann, Charles Laughton und vor allem Jean Gabin waren interessanter in der Rolle des Kommissars mit der Pfeife seines Erfinders. Nur, Simenon hat vergessen, sich an die eigene Nase zu fassen. Nicht jeder seiner Maigrets nämlich war das Gelbe vom Ei. Ich finde ihn in seinen dezidiert literarischen Büchern oft besser als in seinen Krimis. So hat er einen «Brief an die Mutter» geschrieben, der es mit Franz Kafkas «Brief an den Vater» aufnehmen kann. Die Beziehung zu seiner alten Mutter ist eine Fundgrube für amüsante und hässliche Vorurteile. Als Simenon in New York lebte, eine Party gab und seine Mutter aus Belgien dazu einfliegen ließ, zog sie ihre schäbigsten Kleider an. Denn jeder Partygast sollte sehen, wie geizig ihr schwerreicher Sohn sei und wie schlecht er die eigene Mutter behandelte. Dabei hatte er ihr gerade die Reise nach New York spendiert. Sollten wir nun sagen: «So sind sie, die Belgier»?

Der große Furtwängler

Mein Vater hat Ernst Kaltenbrunner vor dem Nürnberger Tribunal verhört, und er nannte Wilhelm Furtwängler seinen Freund. Es gab Leute, die ihm seine Wertschätzung für Furtwängler irgendwie übel nahmen. Was für eine Dummheit doch in diesem Vorwurf liegt. Können manche Leute nicht unterscheiden zwischen einem der schlimmsten Nazi-Mörder, der 1946 hingerichtet wurde, und einem Dirigenten, der einmal unter der Hakenkreuzfahne dirigiert hat? Er hat sie wohl nicht selber gehisst! Dass Furtwängler 1933 vorübergehend Vizepräsident der Reichsmusikkammer war, vergessen besagte Leute nicht. Dass er gefährdeten Musikern die Existenz gerettet hat, blenden sie gern aus. Auch indem man eine pauschale Verdammnis verhängt, pflegt man Vorurteile.
Der Komponist Richard Strauss war von 1933 bis 1935 sogar Präsident der Reichsmusikkammer. Das hinderte ihn nicht daran, sich für den jüdischen Schriftsteller Stefan Zweig einzusetzen. Vergeblich, Zweig musste 1934 emigrieren und nahm sich später im brasilianischen Exil das Leben. Dennoch bildete sich Richard Strauss ein, mit Hitler bestens zu stehen. Als eine Verwandte verhaftet wurde, fuhr der über Siebzigjährige zum Haus der Gestapo: «Lassen Sie diese Dame auf der Stelle frei!» – «Sie haben hier nichts zu befehlen, Herr.» – «Wissen Sie, wer ich bin,

mit wem Sie es zu tun haben? Ich bin Richard Strauss!» Er hatte die Kunst im Kampf mit der Macht überschätzt und musste sein Auto ohne die Dame wieder besteigen. Strauss war wie viele naiv. Aber ist das ein Verbrechen?
Ich hatte als kleiner Junge in London das Vergnügen, Wilhelm Furtwängler in unserem Wohnzimmer am Flügel zu erleben. Denn er und die Pianisten Wilhelm Backhaus und Artur Schnabel besuchten meine Eltern zuweilen. Darum habe ich auch Furtwänglers Sekretärin gekannt, Fräulein Geismar. Für sie war ihr Chef ein Gott. Sie traf meist ein paar Minuten vor Furtwängler bei uns ein. Aber sie kündigte ihn dann nie etwa mit den Worten an: Herr Furtwängler kommt gleich, sondern sie sagte immer, wirklich immer: «Der große Furtwängler kommt jeden Augenblick.» So als gehöre «der große» zu seinem Namen, als stünde es in seinem Pass.
Einmal veranstaltete mein Vater einen musikalischen Abend, zu dem er Wilhelm Backhaus und Moritz Rosenthal einlud, der eine ein Beethoven- und Brahms-Virtuose, der andere ein begnadeter Chopin-Interpret. Vater war gespannt darauf, mit ihnen über knifflige Klavierläufe zu diskutieren. Aber sie taten ihm den Gefallen nicht. Sobald sie gespielt hatten, steckten sie die Köpfe zusammen und palaverten über die Aktienkurse an der Buenos Aires Stock Exchange. Sie zeigten keinerlei Interesse an der Musik, wenn sie sie nicht gerade spielten. Sie sprachen den ganzen Abend lang über die Börse.

Mit Eliette von Karajan im Konzert

Die Witwe Herbert von Karajans stiftete mich in Salzburg zum Besuch eines Brahms-Konzertes an. Ich hielt mich während der Festspiele dort auf, und sie bat mich sehr emotional: «Bist du heute Abend frei? Ich fände es überwältigend, wenn du mich ins Konzert begleiten könntest. Der Herbert ist doch vor einem Jahr gestorben, und jetzt spielen sie jedes Jahr das Brahms-Requiem zu seiner Andacht.» Ich mochte und mag das Brahms-Requiem zwar nicht sonderlich, aber da ich Herbert sehr bewundert hatte und es abends im Fernsehen kein Tennis gab, bin ich hingegangen mit ihr. Beide Arme über ihrem Kopf verschränkt und die Brust auf ihren Knien, vergrub sie sich während des ganzen Konzertes in ihrem Logensessel. Sie verschwand wirklich völlig neben mir. Ich musste unwillkürlich an die Bilder denken, die einem die Airlines vor Langstreckenflügen aus Sicherheitsgründen zeigen: Wie man sich bei einem Absturz zu verhalten hat. Genau so saß Eliette von Karajan im Konzert. Es fehlte nur noch die Schwimmweste. Ich wusste partout nicht, was ich unternehmen sollte. Als endlich der letzte Ton verklungen war, erhob sich Eliette – das Gesicht nass vor Tränen. Ich reichte ihr ein Taschentuch, da himmelte sie mich an und sagte ergriffen: «Ich habe während des ganzen Konzertes deinen rechten Fuß beobachtet. Er ist sensationell genau dem Rhythmus gefolgt. Gott, bist du musikalisch. Das hätte auch Herbert zu Tränen gerührt.»

Der Bühnenbildner Günther Schneider-Siemssen hat mit Herbert von Karajan unzählige Male zusammengearbeitet. Man schätzte seine Künste auch an der Covent Garden Opera in London und der Metropolitan Opera in New York. Er ist ein netter Herr und müsste etwa fünf Jahre jünger sein als ich. Schneider-Siemssen trägt eines dieser Gesichter auf dem Hals, die sich nie verändern. Noch im Alter sieht er so aus, wie er wahrscheinlich schon mit vier Jahren ausgesehen hatte: sehr rote Wangen, sehr schwarze Haare unter dem allmählichen Weiß und sehr blaue Augen. Sogar seine Zähne stehen noch kindlich nagend vor. Da er schon in der Schule ein begabter Maler war, wurde er nach dem «Anschluss» Österreichs als Vierzehnjähriger ausgewählt, Hitler die Hand zu drücken, gemeinsam mit anderen Schülern. Er hat es mir einmal erzählt: In seiner österreichischen Bubentracht, in Lederhose mit einer Blume neben dem Hirsch auf seinen Trägern, ging er also rein zum «Führer», erhob die Hand und grüßte mit: «Heil, Herr Hitler.» Da habe sogar, eine Seltenheit, der «Führer» gelacht.

Bruno Kreiskys Frau Meier

Neben meiner Schauspielerei, meinem Bücherschreiben und meinen Opern-Inszenierungen habe ich immer wieder Lust verspürt, in die Rolle des Journalisten zu schlüpfen. So habe ich Interviews mit Itzhak Rabin, Shimon Peres, Jassir Arafat und Hanan Ashrawi geführt, die in einem Buch namens «Baumeister des Friedens» erschienen sind. Bleibende Erinnerung daran: das unübertroffen eckige Englisch Jassir Arafats, das ich gern imitiere. Wenn meine Frau Hélène in unsere kleine Küche kommt, in der ich seit Jahr und Tag am liebsten sitze, weiß sie oft nicht, ob ich es bin, der gerade Arafat nachmacht, oder ob der Fernseher läuft und Jassir im Original spricht. Auch den gemütlichen österreichischen Bundeskanzler Bruno Kreisky habe ich einmal interviewt. Am Tag zuvor bekam er Staatsbesuch aus Libyen. Ich wohnte im selben Hotel wie Gaddafi und sah ihn von meinem Fenster aus vorfahren. Vor dem Haupteingang des Hotels Imperial war mir eine Statue aufgefallen, eine spärlich bekleidete Dame mit Pusteblume. Nun hatten sie die Statue mit einem Sack umwickelt, damit Gaddafi keine nackte Frau sehen musste. «Wie war es denn mit Herrn Gaddafi?», erkundigte ich mich am nächsten Tag bei Kreisky. Unendlich langsam, wie es seine Art war, erzählte er mir, indem er jedes Wort einzeln abschmeckte: «Er ... ist ... viel ... jünger ... als ... man ... sich ... vorstellt ... Ich ... hoffe ... ich ... habe ... ihm ... gut ... getan ... Mehr ... gut... getan ... als ... er ... mir ... gut ... getan ... hat.» Auch die israelische Ministerpräsidentin Golda Meir hat Bruno Kreisky geärgert: «Nehmen Sie doch bitte Platz, Frau Meier.» – «Mein Name ist Me-ir, Herr Bundeskanzler, und das heißt so viel wie Morgenlicht!» Aber wie ein Morgenlicht sah sie beim besten Willen nicht aus. Darum habe ich Kreisky immer sehr gut verstanden.

Indira Gandhis Leibwache

Als Journalist, wenn Sie so wollen, reise ich mit Tonband und Mikrophon im Oktober 1984 auch nach Neu-Delhi. In ihrem Garten in der Akbar Road, so lautete die Verabredung, wollte ich am letzten Tag des Monats die indische Premierministerin Indira Gandhi interviewen, und zwar für eine Sendereihe des irischen Fernsehens. Sie hieß «Peter Ustinov's People». Im Garten herrschte Ruhe, meinem Team und mir wurde der obligate Tee serviert, ich hatte mein Mikro noch einmal überprüft, mein indischer Kame-

ramann besprach sich mit der Dame vom Licht. Da hörte ich plötzlich Schüsse. Noch bevor ich erschrecken konnte, beruhigte mich der Kameramann, ungerührt an seiner Linse fuchtelnd: «Schon wieder ein Feuerwerk. Wir Inder sind eben wie Kinder. Bei jeder Gelegenheit schießen wir diese Leuchtraketen in die Luft.» Ich nippte wieder an meinem Tee – doch plötzlich hörte ich das Knattern von Maschinengewehren. Die Szenerie im Garten verwandelte sich. Bis zu diesem Moment war ich, etwa fünfzig Meter von der abgeschirmten Premierministerin entfernt, nur Ohrenzeuge des unheimlichen Geschehens. Nun sah ich, wie Soldaten mit erhobenen Gewehren fast geräuschlos über den Rasen hetzten. Die Gewehre hin und her schwenkend, nahmen sie jeden ins Visier, der dort herumstand, auch uns. Es herrschte eine gespenstische Stille, die nur von lauten Befehlen durchbrochen wurde. Dann ging die Nachricht um die ganze Welt: Zwei Sikhs, beide Mitglieder der Leibwache Indira Gandhis, hatten ein Attentat auf sie verübt; einer der Schüsse traf sie tödlich. Die Mörder wollten sich an Indira Gandhi rächen, weil Regierungstruppen im Juni desselben Jahres den «Goldenen Tempel» in Amritsar gestürmt hatten, wobei mehrere hundert Menschen umgekommen waren. Aus Sicht der Regierung war die Erstürmung ein Sieg über radikale Separatisten. Für die Sikhs war sie die Schändung eines ihrer größten Heiligtümer.
Binnen Sekunden habe ich während des Attentats vieles gelernt, vor allem über mich selbst. Ich erstarrte, als sich das Geknalle im Garten nicht als Feuerwerk, sondern als Schusswechsel entpuppte. Aber zu meiner Verwunderung war das nur meine äußerliche Reaktion. Innerlich war ich völlig ruhig, beinahe gelassen. Ich bin von Natur aus ein unaufgeregter Typ, der dem Nervenkitzel eher aus dem Weg geht. Nun stand ich neben mir und staunte, dass mir

die Gefahr nicht etwa den Schrecken in die Glieder trieb, sondern dass ich sie cool analysierte. Ich habe auch in der nächsten Nacht sehr gut geschlafen.

Sie werden sich fragen, was mein Erlebnis mit dem Thema Vorurteil zu schaffen hat, denn wie so oft hat Machtpolitik eine entscheidende Rolle gespielt in diesem Konflikt, der Indira Gandhi das Leben kostete. Es bestanden allerdings auch religiöse Vorurteile, und die sind durch das Attentat noch verstärkt worden. Doch das ist gar nicht der Grund. Es gibt viele solche Morde. Der Grund ist, dass es die Leibwächter der Premierministerin waren, die das Attentat verübten. Das Vorurteil hat ein freundliches Gesicht aufgesetzt, bis es den Augenblick gekommen sah, sich in eine tödliche Waffe zu verwandeln. In eine Waffe gegen die eigene Herrin.

Jimmy Carter, ein starker Mann

In Atlanta hatte ich 1999 die Ehre, den «International Child Survival Award» der UNICEF an Jimmy Carter zu überreichen und eine Laudatio auf den Kinderfreund zu halten, der von 1977 bis 1981 US-Präsident war. Ich sagte ungefähr: «Wer ins Weiße Haus einzieht, ist die Karrieretreppe bis ans oberste Ende hinaufgestiegen, meist über die Stufen eines Abgeordneten, Senators oder Gouverneurs. Er hat eigentlich das Ende der Fahnenstange erreicht. Jimmy Carter ist der einzige Präsident, der noch eine weitere Stufe erklommen hat, die des weltweit aktiven Expräsidenten. Und diese hat er, mehr als jeder andere, zu einem einmaligen moralischen Engagement genutzt. Er hat als Expräsident mehr für die Menschen getan, als er es im Amt des

Präsidenten jemals tun konnte.» In den Beifall hinein stand Jimmy Carter auf und rief: «You are right.»
Er ist in diplomatischer Mission nicht nur nach Nigeria, Taiwan, Indonesien und in Castros Kuba gereist, um dort Hände zu schütteln. Er hat seine Krawatte auch häufig abgelegt, um für seine Hilfsorganisation «Habitat for Humanity» in Armenvierteln der Dritten Welt beim Hausbau und der Einrichtung sanitärer «Selbstverständlichkeiten» zu helfen. Dabei hat er nicht den Boss gespielt, sondern hat in Bauarbeitermontur selber auf der Leiter gestanden, Hammer und Nagel in der Hand. Es gibt gehässige Stimmen, die ihre Vorurteile pflegen und abwinken: Das habe er doch nur für günstige Fotos gemacht, das sei nichts weiter als Werbung in eigener Sache. Ich glaube an die Redlichkeit seines Engagements. Er könnte doch ebenso das Leben auf seiner Farm genießen, hin und wieder einen glänzend honorierten Vortrag halten oder einfach in der Sonne liegen. Wir leben offenbar in einer Zeit, in der selbst lautere Absichten unter Verdacht geraten, in der auch die schlichte Menschenfreundlichkeit sofort verdächtig ist, Werbung in eigener Sache zu sein. Tatsächlich kenne ich Beispiele, bei denen das zutrifft. Bei Jimmy Carter nicht.
Sogar als Präsident kehrte Carter den Boss nicht heraus. Genau das haben ihm die meisten Amerikaner als Schwäche ausgelegt. Ich hielt es immer für seine Stärke. Er hatte nicht diese dumme Härte eines George W. Bush. Er war verwundbar und wollte seine Sensibilität auch im Amt nicht verlieren. Die Menschen, die ihn dafür kritisieren, offenbaren ihre Sehnsucht nach dem starken Mann. Das ist meine feste Überzeugung. Sie wollen geführt werden, sie wollen Masse sein. Ein selbstbewusstes Individuum müsste sich mit Carter angefreundet haben, und das haben zum Glück auch Millionen Amerikaner getan. Nur waren sie

bei seiner zweiten Kandidatur leider nicht in ausreichender Mehrheit.

Obwohl er einst der mächtigste Mann der Welt war, ist Jimmy Carter kein lebendes Ausrufe-, sondern ein lebendes Fragezeichen: Schon als Präsident hat er riskiert, die andere Seite zu sehen, um die eigene zu verstehen. Ein Politiker des wachen Verstandes, eine offene Tür. Natürlich ist auch er im lockeren Amerikanismus sehr gut trainiert. Aber niemals hätte er, wie nun George W. Bush im Irak-Krieg, gesagt: Wir trauern um unsere Toten und die Toten unserer Alliierten. Ohne die Toten der Irakis auch nur mit einem einzigen Wort zu bedenken. Ich bin sicher, Carter hätte auch deren Schicksal erwähnt. Auf diesen Friedensnobelpreisträger passt der Ausruf: Voilà, un homme. Seht her, ein Mensch. In der «Washington Post» konnte man im September 2002 unter der Überschrift «USA wandeln sich zum Unrechtsstaat» ein Interview mit Jimmy Carter lesen, durch das er sich bei den Bush-Kriegern keine Freunde gemacht hat. Carter sagte darin:

«Über das Unrecht in den Ländern, die uns beim Kampf gegen den Terrorismus unterstützen, haben wir hinweggesehen. Bei uns im eigenen Land wurden amerikanische Bürger als Feinde inhaftiert, ohne Anschuldigung und ohne juristischen Beistand. Trotz aller Kritik der Bundesgerichte verweigert sich das Justizministerium diesem Problem. Mit Blick auf die Gefangenen in Guantanamo (die Verdächtigen des Anschlags vom 11. September) erklärt unser Verteidigungsminister, dass sie selbst dann nicht freigelassen würden, wenn sich ihre Unschuld erwiesen hat. Das sind Methoden von Unrechtsstaaten, die von amerikanischen Präsidenten in der Vergangenheit immer verurteilt wurden. Wie aber die Verbündeten und verantwortliche Politiker früherer Administrationen nicht müde werden zu beto-

nen, gibt es gegenwärtig keine Bedrohung der Vereinigten Staaten durch Bagdad. Angesichts intensiver Überwachung und einer überwältigenden militärischen Überlegenheit der USA wäre jede kriegerische Handlung von Saddam ein Akt des Selbstmordes. So unwahrscheinlich es ist, dass Saddam Nachbarstaaten attackiert, Nuklearwaffen testet, mit dem Einsatz von Massenvernichtungswaffen droht oder sie Terroristen zur Verfügung stellt, so sehr ist es doch möglich, dass – im Falle eines amerikanischen Angriffs auf den Irak – diese Waffen gegen Israel oder unsere Truppen eingesetzt werden, als Reaktion auf unseren Angriff. Wir können die Entwicklung von ABC-Waffen nicht ignorieren, aber ein einseitiger Krieg gegen den Irak ist nicht die Antwort. Unbehinderte Inspektionen im Irak sind dringend. Aber genau das ist offenkundig gar nicht gewollt, wie der Vizepräsident unserer gegenwärtigen Regierung mehrfach angedeutet hat.»
Auch ich hatte Jimmy Carter in Atlanta um ein Interview gebeten. Doch er lehnte ab. Ich musste all meine Überredungskünste auspacken, um ihn umzustimmen. Da war sie wieder, seine Schwäche, die in Wahrheit eine Stärke ist. Nachher sagte er mir: «Ich schätze Journalisten, die Gespräche führen. Ich bin Interviewer gewöhnt, die gucken angestrengt auf ihre Zettel mit der nächsten Frage, während ich noch bei der Antwort auf die vorherige bin. Ich kann jedoch nicht sprechen, wie ich möchte, wenn ich das Gefühl habe, dass man mir nicht zuhört.» Jimmy Carter hört uneitel aufmerksam zu.

Michail Gorbatschows Horizont

Michail Gorbatschow lernte ich am Rande seiner ersten Pressekonferenz vor westlichen Journalisten im Kreml kennen. Die Stimmung unter den Korrespondenten war in diesen frühen Tagen seiner Regierungszeit alles andere als freundlich. Zu viele waren skeptisch gegenüber dem neuen Mann mit seinen Reformideen, sie konnten ihnen noch nicht so recht Glauben schenken. Der redet von Frieden, sagt einer, warum schafft er dann seine Atomwaffen nicht ab. Meine Begegnung mit ihm war Zuneigung auf den ersten Blick. Wie zwei Hunde haben wir uns sofort als Freunde erkannt. Was mich als Erstes beeindruckte, waren seine ausdrucksstarken Augen unter dem großen Feuermal auf der Stirn. Solche Augen hatte ich bis dahin nur auf Fotos gesehen, bei denen Pablo Picasso ins Objektiv blickt. Auf der Pressekonferenz gab es eine Szene, die ich mit einem anderen Politiker nie erlebt hatte und die auch manche der feindseligen Journalisten positiv verwirrte. Hinter mir saß der Dissident Andrej Sacharow, den Gorbatschow gerade aus seinem Hausarrest unter Breschnew befreit hatte, und gab Autogramme wie ein Filmstar. Da stoppte Gorbatschow seine feurige Rede, sah in die Runde und erklärte: «Verzeihen Sie bitte, dass ich mich selbst unterbreche, ich habe die Befürchtung, dass ich für die Dolmetscher etwas zu schnell sprechen könnte. Habe ich Recht? Wenn Sie diesen Eindruck haben, teilen Sie es mir bitte mit. Ich wäre Ihnen sehr dankbar.» Die vielsprachigen Dolmetscher kamen zu einer Stehkonferenz zusammen, berieten sich, und dann antwortete ihr Sprecher: «Ja, Herr Präsident, es würde uns die Arbeit tatsächlich erleichtern, wenn Sie ein wenig langsamer sprächen.» Gorbatschow, wieder an die Übersetzer gewandt: «Das war ganz allein meine Schuld.

Aber ich bin so enthusiastisch, so voller Ideen und erlaube ihnen manchmal, von mir fortzulaufen. Wenn das wieder geschieht, genieren Sie sich bitte nicht, mich und meinen Elan zu bremsen. Denn ich brauche Sie in diesem für mich bedeutenden Augenblick. Sie können vielleicht ohne mich arbeiten. Aber ich kann es nicht ohne Sie. Wenn ich zu hastig bin, übersetzen Sie oberflächlich. Das wäre dann nicht so sehr Ihr, das wäre mein Fehler.» Schließlich beendete er den Dialog: «Meine Freunde, was wir hier heute gemeinsam machen, ist wichtig.» Er sagte wirklich: wir. «Sie haben Ihren Anteil daran, dass es nicht kleiner wird, als es gemeint ist.» Ich kannte bis zu diesem höchst demokratischen Moment nur Politiker, die sich mit den Übersetzungen nicht lange aufgehalten haben. Was konnte ihnen auch schon passieren? Wenn etwas schief ging, das immer gleiche Ritual: «I've been quoted out of context.» – «Man hat meine Worte aus dem Zusammenhang gerissen.» Vielleicht finden sich ja eine junge Frau oder ein junger Mann, die in ihrer Doktorarbeit nachforschen, wie Übersetzungsfehler die Weltpolitik beeinflusst haben. Ich glaube, das wäre eine Fundgrube.

Wie konnte ein so wacher Kopf so lange in der starken Nomenklatura der KPdSU und des Politbüros überleben, ohne aufzugeben oder verrückt zu werden? Ich habe ihn später oft danach gefragt: Mit einem Staats- und Parteichef wie Leonid Breschnew, der während der Sitzungen des Politbüros einschlief, nichts mehr verstand und sie oft nach zwanzig Minuten auflöste, um zum Wodka zu greifen. Mit einem Außenminister wie Gromyko, dem ich am Tage der Pressekonferenz zufällig gegenüberstand und der mit seinem grauen, müden Gesicht und dem krummen Mund wie eine Büste aus dem Museum wirkte. Wie konnte der mit allen Sinnen neugierige Gorbatschow es aushalten mit diesen lange nicht mehr entstaubten Figuren aus dem Wachsfigurenkabinett der Vorurteile?

Mit der Disziplin des gelernten Apparatschiks! Aber noch mehr als von der Partei hatte er vom Leben gelernt. So fand er die sterbenslangweiligen Sitzungen des Politbüros unter Breschnew, das hat er mir und anderen seiner Freunde stets gesagt, peinlich und beschämend. Er machte Karriere innerhalb des verkrusteten Systems, ohne seine offenen Ideen zu opfern, die später als Perestroika und Glasnost um die Welt gingen und uns allen den Atem raubten. Lange hegte er die Illusion, er könne die Sowjetunion reformieren. Dass die Dynamik dieser Reformen sich in Dynamit verwandeln und zum Zusammenbruch der Sowjetunion führen würde, hat er wohl selbst nicht geahnt. Doch als offenbar wurde, dass die Welle, die da auf den Strand brach, nicht mehr aufgehalten werden konnte, war er klug genug, sich ihr nicht entgegenzustemmen. Er wusste, dass es sinnlos gewesen wäre und die Welle nur vorübergehend umgeleitet hätte, wenn die Rote Armee angesichts des Mauerfalls nach Berlin marschiert wäre. Auch die Amerikaner waren des Eisernen Vorhangs, des Kalten Krieges und des geteilten Deutschlands überdrüssig. Aber anders als Gorbatschow aus ökonomischen Gründen. Sagen wir der Gerechtigkeit halber: sicher nicht nur, aber vor allem aus ökonomischen Gründen, der Erschließung neuer Märkte wegen. Gorbatschow hingegen handelte aus einem sicheren Instinkt heraus. Er war ein Politiker mit einem selten weiten Horizont. Normal begabte Politiker sehen bis zu dessen Linie. Sie nennen sich Realisten. Gorbatschow blickte über den Horizont hinaus. Solche Menschen nennen wir Visionäre. Allerdings beweisen die Regierungsjahre Gorbatschows etwas scheinbar Paradoxes: dass nämlich die Visionäre die eigentlichen Realisten sind! Und sie beweisen noch etwas anderes: Sie widerlegen die alte Geschichtstheorie der politischen Linken, nach deren Vorurteil nur Klassen, nicht aber einzelne Personen Geschichte machen. Ein Mensch mit Vorurteilen hat einen kleinen Horizont. Menschen wie Jimmy Carter und Michail Gorbatschow sind mit großen Horizonten gesegnet. Der historische Unterschied zwischen beiden ist, dass der eine ihn erst als «Pensionär», der andere glücklicherweise schon im Amt des Präsidenten entwickeln konnte.

Würde Michail Gorbatschow heute eine andere, humanere Tschetschenien-Politik machen als Putin? Ich glaube, ja, denn er war der erste Politiker von so hohem Rang, der begriff, dass die Zeit vorbei sein muss, in der Kriege ein Mittel der Konfliktlösung sind. Das Volk der Tschetschenen hat eine schlimme Leidenszeit hinter sich. Sie fing unter Stalin an, der sie während des Zweiten Weltkrieges nach Sibirien umsiedelte, bis sie, mit fast nichts auf der Haut, wieder zurückkehren durften. Ich vermute, Putin ist es ganz willkommen, dass manche Tschetschenen mit der Al Kaida sympathisieren. Al-Kaida-Kämpfer haben ihren Militärdienst in Tschetschenien absolviert. So lassen sich viele, zu viele Tschetschenen als Terroristen verdächtigen. Aber gibt dies den Mächtigen in Moskau das Recht, die Hauptstadt Grosny dem Erdboden gleichzumachen? Ich bin sicher, dass auch Breschnew Afghanistan nur besetzt hat, weil er einen zu großen islamischen Einfluss in Südrussland fürchtete. Unter der Großmachtpolitik der Mächtigen haben immer die Menschen gelitten. Vielleicht ist es ein Lichtblick, dass Ende Juli 2003, während die letzten Kapitel dieses Buches fertig werden, ein Moskauer Gericht einen russischen Oberst namens Budanow zu zehn Jahren Haft verurteilt hat. Der Offizier hatte eine Tschetschenin gefoltert und dann erwürgt, weil er sie für eine Rebellin hielt.

Unter Boris Jelzin, dem Freundfeind Michail Gorbatschows, haben sich viele ehemalige Sowjetrepubliken von Russland gelöst und in die Unabhängigkeit gefunden: die Usbeken, die Tadschiken, die Kasachen, die Kirgisen. Aber ihre Lingua franca, ihre Verkehrssprache untereinander, ist Russisch geblieben – weil die eigenen Sprachen so verschieden sind, dass sie sich nicht verständigen könnten. In einem Orchester in Ankara, wir führten Camille Saint-Saëns' «Karneval der Tiere» auf, hatte ich mit Musikern aus diesen neuen Republiken zu tun. Dort ist es genauso gewesen.

An der Universität im englischen Durham, an der ich Kanzler bin, war es eine meiner ersten Amtshandlungen, einen Ehrendoktorhut an Gorbatschows einstigen Chefberater zu verleihen, an Alexander Jakowlew. Ich kannte ihn schon, als er sowjetischer Botschafter in Kanada war, und habe ihn mit meiner Frau Hélène in Ottawa besucht. Er hat es später zum Direktor aller russischen Fernsehstationen und zum Mitglied der Akademie der Wissenschaften gebracht. Eine beachtliche Leistung, wenn man bedenkt, dass seine Mutter Analphabetin war. In diesem Punkt hat er mich immer an mich selbst erinnert: Ich habe die Schule ohne Abschluss mit 16 Jahren geschmissen, und heute ist eine Schule in Nordrhein-Westfalen nach mir benannt, in Monheim am Rhein. In Durham verlieh also ein Schulabbrecher dem Sohn einer Analphabetin für dessen Engagement gegen Vorurteile einen Doktortitel honoris causa.

Alexander Jakowlew war nach der Ära Gorbatschow Vorsitzender eines Komitees, das die Taten Stalins gründlich untersuchte, noch gründlicher, als es nach dem berühmten 20. Parteitag der KPdSU unter Chruschtschow 1956 geschehen war. Er verriet mir, dass er dabei einen Zettel mit Stalins Handschrift entdeckt hatte: «Wo Menschen sind, gibt's Kummer. Wo keine Menschen sind, gibt's keinen

Kummer.» Mir verschlug es die Sprache: Mit dieser lapidaren Notiz hat Stalin seine monströsen Verbrechen vor sich selbst gerechtfertigt.

Den Apparatschik konnte Dr. Jakowlew trotz seiner Menschenfreundlichkeit amüsanterweise auch in Durham nicht ganz verbergen. Während eines abendlichen Empfangs zu seinen Ehren blickte ich durch ein Fenster unserer Universität und rief voller Entzücken aus: «Herr Jakowlew, schauen Sie doch, wie wunderbar sich die mittelalterliche Kathedrale und das Schloss dort im Abendlicht ausnehmen. Ist das nicht ein herrliches Bild?» Der Exbürokrat Jakowlew würdigte das hinreißende Panorama keines Blickes und entgegnete nur nüchtern: «Das Schloss und die Kathedrale stehen erst morgen auf meinem Programm.»

Mit Michail Gorbatschow, der vor einigen Jahren seine Frau und politische Kameradin Raissa verlor, darf ich mich bleibend befreundet fühlen. Wenn ihn seine Reisen in die Schweiz führen, besuchen wir uns. Der Prophet, heißt es, gelte nichts im eigenen Lande. Auf Gorbatschow trifft das Sprichwort nicht zu. Dennoch erhielt er, als er es noch einmal versuchte, bei den russischen Wahlen 1996 nur etwa ein Prozent der Wählerstimmen. Ob ihn das geschmerzt habe, wollte ich einmal von ihm wissen. «Nicht lange», gab er mir zur Antwort. Denn: «Reformer lieben die Leute nicht. Sie sehen meist nur die Kosten, weniger den Segen der Reform.»

So ist Michail Gorbatschow heute in der Rolle eines guten Vaters, der seine Kinder aus einer schlechten Schule befreit und in eine gute Schule geschickt hat. Doch dann machte er den Fehler der meisten Eltern, weil er dachte, die groß gewordenen Kinder würden in seine Fußstapfen treten. Sie haben jedoch ihre eigenen Vorstellungen. So ist nun mal das Leben.

Lob des Irrtums

Warum ich kein Berufspolitiker bin? Ich würde an der Anstrengung scheitern, immer und überall Recht zu haben. Ich brauche offene Türen. Manchmal bilde ich mir ein, im Recht zu sein. Dann bin ich sogar überzeugt davon und verteidige meine guten Argumente. Aber ich muss auch immer meinen Irrtum in Erwägung ziehen. Warum? Ganz einfach, weil ich ein Mensch bin. In einem Gedicht klingt, was ich meine, so: «Es war ein guter Tag. Ich habe mich geirrt.» Diese Gedichtzeile intoniert den Irrtum nicht als Niederlage, sondern als kleinen Triumph. Ich genieße ihn sogar zuweilen. Denn der nie irrt, steht jeden Morgen als derselbe auf. Was er Dienstag für richtig hielt, gilt selbstverständlich auch Mittwoch. Mon Dieu, wie langweilig. Wenn ich mich aber irre, habe ich dazugelernt und bin am nächsten Tag ein anderer. Das hält lebendig. Mir sind Dinosaurier aus der Politik bekannt, die durften sich, solange sie ein Amt ausübten, möglichst keinen Irrtum leisten. Warum eigentlich nicht? Wir Zaungäste der Politik gewöhnen uns da an etwas völlig Verrücktes. Sobald sie jedoch «in Rente» gehen, äußern sie sich viel freier. Einem Außenminister im Amt zuzuhören bringt selten Überraschungen. Er muss bei fast jedem Wort tausend diplomatische Rücksichten nehmen. Manchmal bis zur Selbstverleugnung? Ich werfe ihm das gar nicht vor, denn Sie und ich müssten dieselben Rücksichten nehmen, sonst schickte man uns in die Wüste. Einem Exaußenminister zuzuhören kann dagegen höchst interessant sein. Er wirkt individueller, frischer und mutiger.

Der deutsche Exaußenminister Hans-Dietrich Genscher hat mir einmal gesagt, inzwischen glaube er, dass es zu früh gewesen sei, Kroatien während des Balkan-Konfliktes militärisch zu helfen. Denn diese Geste habe den Konflikt erst richtig geschürt. Er hat mir auch von einem Gespräch mit seinem sowjetischen Kollegen Eduard Schewardnadse erzählt, das sie führten, als sie beide noch in ihren Ämtern waren. Er sei zu Schewardnadse gereist und habe ihm gesagt: «Weißt du, jetzt ist die Zeit gekommen, in der Deutschland wiedervereinigt werden muss.» Und Schewardnadse habe ihm geantwortet: «Ich bin ganz deiner Meinung, aber mir sind noch die Hände gebunden. Ich brauche deine Hilfe, wenn ich meine Leute überzeugen will.» Was er persönlich dachte, konnte Schewardnadse, bis die Zeit dann reif war, nur hinter verschlossenen Türen vorbringen. Schließlich: Der Elder Statesman Helmut Schmidt, der mich zu meinem 75. Geburtstag mit einem Klavierkonzert erfreute, gibt im Fernsehen gelegentlich sehr ausführliche Interviews, die zum Fabelhaftesten gehören, was ich in dieser Sparte kenne. Er legt sich dabei auch gern mit den eigenen Sozialdemokraten und dem gegenwärtigen Kanzler an. Denn er ist jetzt ein vollkommen freier Mensch.

Es schmälert meine Hochachtung vor Hans-Dietrich Genscher und Eduard Schewardnadse nicht, wenn ich sage, dass es singuläre Figuren in der Weltpolitik gibt, die in Ämtern nicht aufgehen, sondern über diese hinaus eigenwillige Naturen sind. Zu ihnen gehören Nelson Mandela und Václav Havel. Allerdings: Sogar Havel unterlag der Versuchung – und ist ihr ein einziges Mal erlegen: als er zu den acht europäischen Staats- und Regierungschefs gehörte, die George Bushs Kriegspläne gegen den Irak billigten. Ich hätte das bei diesem großen Moralisten nicht für möglich gehalten, und ich bin sicher, dass er anders handelte, als er innerlich empfand. Einen Mann wie Nelson Mandela, der die Apartheid, das Vorurteil der weißen Südafrikaner, mit 26 Jahren Gefängnis bezahlte, kann niemand beugen.

Unser Hirn, ein Computer

Der Mensch sollte sein Gehirn, mit dem er geboren ist, benutzen. Menschen mit Vorurteilen benutzen es leider wenig. Dann ist der Kopf nur eine manchmal hübsche Dekoration, ohne eigenes Leben. Ein Mensch kann dumm sein, als ob er gar kein Gehirn hätte. Ja, weil er es nie benutzt. Er atmet doch auch. Luft holen sollte er ebenso mit seinem Gehirn, wir können nämlich enorm viel entdecken damit. Wir können fremde Sprachen lernen, komplizierte Rechenformeln, technische Finessen und eben eine vorurteilslose Betrachtung der Welt – wenn wir das Gehirn benutzen. Zauberer, Rechenkünstler und andere Kopfathleten führen uns die erstaunlichen Fähigkeiten unseres Gehirns vor. Eigentlich ist es wie bei einem Computer. Auch er kann potenziell Millionen erstaunliche Dinge, aber anfangs ist man schon froh, siebzehn davon zu beherrschen. Nur wenn man ihn regelmäßig benutzt, wenn man sich darin trainiert, wird man eines Tages all seine Funktionen nutzen können. Wenn ich mich an einen Namen nicht erinnere, sage ich mir manchmal, dass ich ein Computer bin, und finde den Namen mit ganz abstrakten Methoden heraus.

Wir wissen, dass wir zu achtzig Prozent aus Wasser bestehen. Wenn man nun wie ich kranke Füße hat, dann kommt der große Arzt und tröstet: Es ist schon viel besser heute, kaum noch Gerüche, wenig Bakterien. Da fühlt man sich wirklich wie ein Stück Fleisch. Das Gehirn scheint mir das einzige Organ, dessen Funktionstüchtigkeit nicht die Ärzte, sondern wir selber bestimmen und kontrollieren. Es kann viel mehr, als wir von ihm verlangen. Wenn wir ein Buch lesen, behalten wir zuerst nur die groben Linien und ein Minimum der Details. Unser Gedächtnis tritt in den Streik. Aber schon beim nächsten Buch streikt es weniger.

Das Archiv, die Datenbank, die Bibliothek in unserem Kopf ist größer geworden. Sogar, wenn wir mit sechzig Jahren anfangen, Zellen zu verlieren, sind noch viele intakt. Ich glaube, Vorurteile entstehen durch Faulheit des Gehirns. Es ist ein Zeichen von Faulheit im Kopf, wenn ein Weißer lärmt, die Schwarzen seien dumm. Ich wünsche ihm eine Begegnung mit meinem farbigen Freund Harry Belafonte. Dann erlebte er, wer der Dumme ist. Die Gehirnforschung, die Neurologie, ist heute etwa so klug, wie es die Physik bereits zu Isaac Newtons Zeit war, vor vierhundert Jahren. Wir können dazu beitragen, dass dies besser wird.

Zweifel oder Perfektion?
Die Rolle Descartes'

Shakespeare ist groß. Goethe ist groß.
Aber perfekt sind beide nicht.
Dann hätten sie keinen Charakter.

Der Zweifel ist der große Rivale des Vorurteils. Der französische Philosoph René Descartes ist der Erste in der Geschichte des Denkens in Europa, der versucht hat, aus dem Zweifel heraus die Position zu finden, die von allen Vorurteilen radikal freikommt. Das klingt ganz einfach. Descartes sagt, ich schließe die Augen, ich verschließe die Ohren. Wenn ich nämlich etwas sehe, kann es sein, dass ich mich täusche, dass es nicht die Wahrheit ist, die ich sehe. Ich kann auch falsch hören, es muss nicht die Wahrheit sein, die ich höre. Denn alles, was man mir so sagt, ich habe es nicht selbst erlebt, nicht selbst überprüft. Es ist demnach, im reinsten Sinne des Wortes, ein Vorurteil. Also fange ich wieder von vorne an, ziehe mich auf mein Inneres zurück und stelle fest: Es gibt nur eines, bei dem ich sicher sein kann, dass es kein Vorurteil ist, und dieses eine ist: Ich denke in diesem Moment. So baut er seine Philosophie auf. Sie basiert auf dem berühmten Satz: «Cogito ergo sum.» – «Ich denke, also bin ich.» Aber dann begeht der kluge René einen Fehler. Er sieht in der Mathematik, und nur in der Mathematik, den Königsweg zur Wahrheit – auch bei der Betrachtung der menschlichen Gesellschaft. Das mutet, wie die praktischer veranlagten Engländer nach ihm meinten, etwas lebensfremd an und hat paradoxerweise dazu geführt, dass ausgerechnet der Name Descartes, der für den Kampf gegen Vorurteile stand, für ein besonders hartnäckiges Vorurteil herhalten musste: das Vorurteil nämlich, die Franzosen seien sehr cartesianisch, sehr rational. Sie sind aber zum Glück so vernünftig und unvernünftig wie andere Völker.

Mir persönlich ist der Zweifel wichtiger als der perfekte Standpunkt. Aber manche Überzeugungen braucht man, so wie ich manchmal einen Stock brauche, um nicht umzufallen. Man wird nie alles wissen. Wenn man alles weiß, dann ist es zu Ende. Dann gibt es nichts mehr zu lernen. Ihre Unfertigkeit macht die Menschen interessanter als die Götter. Denn die wissen alles, so als ob sie alles können, ohne zur Schule gegangen zu sein. Wie Enten, die auf die Welt kommen und von der ersten Lebensminute an schwimmen können.

Mozart und Schüler

Von einem jungen Schüler Mozarts wird berichtet, dass der Meister ihn für den besten hielt. Denn oft lobte er ihn vor den anderen, sicherlich neidischen Schülern: «Du bist perfekt!» Eines Tages aber kamen die Schüler wieder zu Mozart, und da sagte er zu dem besten: «Du brauchst nicht wiederzukommen.» – «Ich verstehe das nicht, Herr Mozart, Sie haben doch immer gesagt, ich sei der beste.» – «Ja, du bist technisch perfekt, aber deine Musik hat keine Seele.»

Der große Pianist Arthur Rubinstein hat erzählt, er habe im Flugzeug einmal neben Arturo Benedetti Michelangeli gesessen, seinem nicht minder großen Kollegen. Benedetti trug ein tragisches Gesicht zur Schau, wollte nicht sprechen, war schlecht gelaunt. Das ging Rubinstein auf die Nerven, denn er liebte es, zu sprechen – zu leben und zu lieben: «Was hast du, was ist los mit dir? Warum sitzt du da und sagst nichts? Ich hab dich schon dreimal angesprochen, du antwortest mir einfach nicht.» Endlich machte Benedetti Michelangeli den Mund auf: «Ich bin so depressiv, weil ich gestern in London ein Konzert gegeben und in der Mitte von Beethovens Vierter eine falsche Note gespielt habe.» Da wurde Rubinstein wütend: «In jedem Konzert, das ich gebe, spiele ich mindestens fünfzig falsche Noten, ohne darüber nachzudenken und ohne dass es jemand merkt.» So wie der Russe Rubinstein war der Russe Swjatoslaw Richter. Auch er erwischte sich am Klavier immer wieder bei nicht hundertprozentig sauberen Anschlägen. Das hat auch niemand außer ihm selber gemerkt. Die Zuhörer feierten ihn. Arthur Rubinstein wurde übrigens einmal in New York von einem Taxifahrer angesprochen:

«Maestro, jetzt, wo Liberace uns verlassen hat, sind Sie der größte Pianist der Welt.» Der tuntige, pelz- und klunkerbehangene Liberace und Rubinstein an einem Klavier. Das nenne ich Crossing-over.

Der früh verstorbene kanadische Pianist Glenn Gould, der so öffentlichkeitsscheu war, dass er sein Leben vorwiegend am Telefon verbrachte, und der junge jugoslawische Pianist Ivo Pogorelić, der gern im Blitzlicht steht, haben eines gemeinsam: Sie spielen beide, als ob sie ein Werk gestern erstmals gesehen hätten. Sie spielen es so, als ob nicht nur sie, sondern auch alle anderen es nie vorher gehört hätten. Ich musste Pogorelić einmal in einem UNICEF-Konzert präsentieren, als Eingeweihte mich warnten: Vorsicht, der Junge ist höchst empfindlich und sehr arrogant, und er kann sehr schnell beleidigt sein und nicht spielen wollen. Da bin ich vors Publikum getreten und habe ihn angekündigt: «Meine Damen und Herren, liebe Kinder! Jetzt hören wir einen Pianisten, der auch deshalb ein großer Pianist ist, weil er etwas gemeinsam hat mit Glenn Gould: Er spielt jedes Werk wie neu entdeckt, und unser Privileg ist es, nun zu hören, was er entdeckt hat.» Keineswegs arrogant kam Pogorelić nachher zu mir: «Dass du Glenn Gould erwähnt hast! Woher wusstest du, dass er mein Gott ist?» Ich wusste es nicht, es war mein Instinkt, denn sie unternehmen beide dieselben Forschungsreisen bei ihrem Spiel. Sie machen sich nackt, um den richtigen Anzug erst zu finden, während sie in die Tasten greifen. Glenn Gould hat ja im Alter von fünfundzwanzig und später dann noch einmal die Goldberg-Variationen von Bach eingespielt. Bei der späten begleitet er sein Klavierspiel hin und wieder durch eigenes Summen. Ein Sakrileg für Perfektionisten und Reinheitsfanatiker! Beide Aufnahmen sind großartig, aber ein sehr anderer Bach. Das beweist, dass es keine «objektive Interpretation» geben kann.

Der deutsche Lyriker Hans Magnus Enzensberger hat sich in einem messerscharfen Essay einmal über Lyrikinterpretationen geäußert; über den Schulunterricht, in dem die Kinder gezwungen werden, Gedichte auswendig zu lernen und objektiv zu deuten. Seine Metzgersfrau war nämlich eines Tages böse mit ihm, sie bediente ihn zurückhaltender als sonst. «Was ist passiert?», begehrte der verdutzte Lyriker zu wissen und bekam nach einigem Zögern zur Antwort: «Meine Tochter hat im Abitur ein Gedicht von Ihnen interpretiert und ein ‹Mangelhaft› bekommen. Sie tragen dafür die Verantwortung.» Der Dichter zur Metzgerin: «Darf ich die Arbeit Ihrer Tochter einmal lesen, die der Lehrer so schlecht beurteilt hat?» Zu Hause sträubten sich seine Haare – nicht der Schülerin, des Lehrers wegen. Denn er, der Schöpfer des Gedichts, kam zu einer guten Note und brachte seinen Essay zu Papier. In ihm urteilt er kurz und bündig: Lehrer, die Gedichtinterpretationen mit «objektiver Gültigkeit» verlangen, seien eine «kriminelle Vereinigung».

Der französische Filmregisseur Jean Renoir, Sohn des Malers Auguste Renoir, wurde einmal gefragt, woran er erkenne, dass er einen brillanten, mittelmäßigen oder schlechten Film gedreht habe. Renoir antwortete sinngemäß: an der subjektiven, vielstimmigen Reaktion des Publikums. Wenn tausend Zuschauer aus dem Kino kämen und alle dasselbe über den gerade gesehenen Film sagten, dann sei er schlecht. Wenn fünfhundert ihn lobten und fünfhundert gähnten, sei er mittelmäßig. Wenn aber nach der Vorstellung das wahre Babylon ausbreche und jeder der Tausend etwas anderes zwitschere, habe er ein Meisterwerk ins Kino gebracht. Ein ermutigenderes Plädoyer für die Individualität gibt es wohl nicht. Auch unter den «sowjetischen» Komponisten hat nur deren individuelles, freies Genie überlebt. Was sie gezwungen wurden zu komponieren, ist meistens grausam.

Wie perfekt sind Gott und sein Schatten, der Teufel?

Warum ist die Königin der Nacht so schön, und warum singt sie so schön bei Mozart? Sie ist ja eigentlich eine negative Gestalt. Eine Hexe. Ich habe dazu in meinem Roman «Der alte Mann und Mr. Smith» den Teufel zu Gott ungefähr sagen lassen: «Ich bin nach Milliarden von Jahren noch wütend darüber, dass du mich aus dem Himmel geschmissen hast. Ich glaube, ich weiß, warum du das gemacht hast: Weil immer alles hell war im Himmel, wurde es dir langweilig. Du musstest, um strahlender als alle anderen zu leuchten, einen Kontrast zu dir erfinden, sonst hätte man dich nicht als den erkannt, der du bist.» Gott: «Du bist nicht dumm, Teufel. Das ist eine tolle Idee.» Dann gibt sich der Teufel menschlich und sagt: «Aber ich bin empört darüber, dass so viele Leute gefoltert und sogar getötet wurden für ihren Glauben und so wenig Leute für das, was sie wirklich gemacht haben. Es darf doch keine Rolle spielen, was die Leute denken, aber es sollte eine Rolle spielen, was sie machen.» Gott: «Ja, ich bin ganz deiner Meinung, mir ist es völlig egal, ob die Leute einen Baum anbeten oder den Mond oder einen Vulkan. Allein wichtig ist, dass sie meditieren und nachdenken. Es ist gar nicht wichtig, wen sie verehren, denn ich bin abstrakt. Niemand hat mich je

getroffen. So weit, so gut, Teufel, aber nun verrate mir bitte, woher du mich so genau kennst.» Der Teufel: «Hast du vergessen, dass ich einst dein Engel war, bevor du mich in die Hölle geschickt hast? Ich bin und bleibe dein Schatten. Ohne mein garstiges Gegenbild gäbe es die schönen Gemälde von dir nicht. Meine Schlechtigkeit ist die Zwillingsschwester deiner Güte. So wie wir uns auch einen Berg nur durch das Tal vorstellen können.»
Am Ende des Dialogs ist Gott erleichtert: «Wir waren so lange Feinde, Teufel, und ich werde auch in Zukunft einen anderen Job machen als du, einen guten. Aber nun habe ich begriffen, dass er als gut nur erkannt werden kann, weil du mir ständig in die Suppe spuckst.» Auf diese Weise wird Gott sehr menschlich. Und er muss es werden. Sonst ist der Weg zu ihm noch weiter. In Lessings «Nathan der Weise» heißt es in der berühmten Ringparabel, der Toleranzgedanke beruhe darauf, dass es einerlei sei, wie Gott aussehe. Das einzig Wichtige sei, dass in allen Religionen die Vorstellung von etwas Gutem anklinge. Ich füge gern hinzu: und von etwas Demokratischem.

In meiner Inszenierung der «Zauberflöte» in Hamburg, das ist schon lange her, habe ich Sarastro und seine Führerrolle darum absichtlich unterbelichtet. Er trat nicht in einem besonderen Gewand auf, er sah aus wie alle anderen. Und Mozarts Helden aus verschiedenen Ländern tauschten sich in einer ganz freien Bewegung aus, als ob sie im Hof einer Universität während der Mittagspause umherliefen. Natürlich sang Sarastro seine pompösen Arien in diesen heiligen Hallen, aber als einer unter anderen, so als sei das alles eine gemeinsame Idee.

Demokratie im Himmel

Fast jeder, der zur Schule gegangen ist, hat schon einmal von Prometheus gehört. Das ist der arme Bursche, der den antiken Göttern das Feuer stahl und von diesen dafür hart bestraft wurde. Sie ließen ihn im Kaukasus an einen Berg ketten und schickten einen gefräßigen Adler, der ihm täglich ein Stück aus der Leber pickte. Ich habe eine musikalische Erzählung zu Beethovens Ballettmusik «Die Geschöpfe des Prometheus» geschrieben und aufgeführt, für die ich mir eine Szene ausgedacht hatte, die ich dann aber leider nicht unterbringen konnte. Ich finde, sie passt zum Thema dieses Buches, denn in dieser Szene macht sich der antike Göttervater Zeus im Dialog mit Prometheus so seine Gedanken über die heutige Welt. Zeus hat den Kontakt zu den modernen Menschen ein bisschen verloren («Lebt Beethoven noch?» – «Nein.» – «Dachte ich mir, denn ich habe lange nichts von ihm gehört.») und wundert sich, dass im Laufe der Jahrtausende, die für ihn freilich nur Sekunden sind, etwas Merkwürdiges geschehen ist: Während in der Politik in vielen Ländern die Demokratie gesiegt hat, herrsche in der Religion die Diktatur. Die Griechen, welche die Demokratie auf Erden erfunden haben, praktizierten sie auch für den Himmel. Sie schauten zu Göttern auf, die sie sogar selber vorgeschlagen hatten. Die Götter kamen sozusagen aus ihren Reihen. Sie waren Menschen, nur eben Menschen mit besonderen Fähigkeiten. Aber keiner der Götter konnte alles. Niemand von ihnen war allmächtig. Jeder hatte ein anderes Talent, unter dem die Menschen Schutz suchten. Auf recht demokratische Weise konnten die Menschen wählen, welchen Gott sie anbeteten. Ein junger Grieche, der am nächsten Morgen ein Examen absolvieren musste, betete um Weisheit zur Göttin Athene.

Ein anderer, der in die Schlacht zog, erbat Tapferkeit und unversehrtes Leben von dem Kriegsgott Ares. Diese Freiheit haben die monotheistischen Religionen autoritär abgeschafft. Heute regiert nur ein einziger Gott. Er gilt als so allmächtig, dass er keinerlei menschliche Züge mehr hat. So ist er eine völlig unerreichbare, im Grunde furchterregende Gestalt geworden.

Ich empfinde diese Entwicklung der Religionen als einen großen Rückschritt und habe mich mit diesem autoritären Gott schon als Kind nicht anfreunden können. Ständig verlangte man von mir in der Schule, ich müsse an den einen Gott glauben. So wird ein Kind nicht zum selbständigen Denken, sondern zu einem nachplappernden Papageien erzogen. Allerdings, wer demonstrativ an gar nichts glaubt, offenbart insgeheim ebenfalls seinen Glauben. So ist auch der Nihilismus ein Glaube – eine Ideologie, die dem, was sie angreift, sehr ähnlich ist. Ich habe weder ein Vorurteil gegen den Glauben noch den nihilistischen Unglauben. Indem ich mich beiden gegenüber skeptisch zeige, äußere ich eine persönliche Meinung, die sich von einem Vorurteil durchaus unterscheidet.

Wenn ich eine großartige Landschaft betrachte, eine faszinierende Landschaft im Sonnenuntergang, dann denke ich manchmal, dass etwas dahinter steckt, das größer ist als wir Menschen. Mit diesen Tagträumen befinde ich mich in alter Gesellschaft. Denn von Beginn der Zeiten an haben Menschen sie geträumt, ob sie nun einen Berg, einen Vulkan oder einen Baum angesichts ihrer rätselhaften Schönheit für verehrungswürdig hielten. Man kann in seinem Innern ein sehr religiöser Mensch sein, ohne an einen Gott zu glauben. Die Verehrung eines entrückten Gottes hat die Menschen ja auch in Wirklichkeit nie überzeugt. Darum haben sie sich ein Bild von ihm zu machen versucht. So wie sie Tiere sprechen ließen, um sie sich näher zu bringen, so haben sie ihrem Gott eine menschliche Gestalt angedichtet. Warum wurde und wird Jesus ständig mit fließendem Bart und diesem ganzen viktorianischen Plunder dargestellt? Wenn Jesus Christus wirklich existiert haben sollte, dann sah er wahrscheinlich wie Andre Agassi aus.

Der ungläubige Thomas: Ein Selbstporträt

Wenn ich einer der zwölf Apostel Jesu gewesen wäre und so gedacht und empfunden hätte, wie ich es heute tue, dann wäre ich der ungläubige Thomas gewesen. Während Thomas mit manchen anderen Wundertaten seines Chefs keine Probleme hatte – ganz einfach, weil er meinte, sie mit eigenen Augen gesehen zu haben –, war für ihn die Auferstehung des Herrn eine «Zeitungsente». Erst als der Verstorbene dann vor ihm erschien, begann er, diesem Wunder ebenso zu trauen. Thomas wird in frühen Überlieferungen auch ohne Bart dargestellt, ein vielleicht äußeres Zeichen seiner innerlich freieren Befindlichkeit. Jesus hat diesen Ungläubigen unter seinen Jüngern übrigens nicht getadelt, sondern seine Zweifel respektiert. Welch ein Unterschied zu den Kreuzzügen und anderen Kriegen seiner späteren Kirche, die totschlug, was nicht glauben konnte oder wollte. Wie Thomas glaube ich nicht so schnell, aber ich bin in jedem Augenblick bereit, erstaunt zu sein.
Ich verstehe durchaus, warum wir geneigt sind, nur an den einen Gott zu glauben. Ich vermute, das hat mit unserer Angst zu tun: Unsere moderne Gesellschaft wird zunehmend komplizierter und unübersichtlicher. Also wollen wir

uns nicht auch noch einen unübersichtlichen Himmel leisten. Aber warum sollten wir, wenn wir schon das Diesseits in eine Demokratie verwandeln, das nicht auch mit dem Himmel tun dürfen? Aus welchem vernünftigen Grund muss ausgerechnet er die letzte Bastion der Diktatur sein? «Ich bin der Herr, dein Gott. Du sollst keine anderen Götter neben mir haben», heißt es gleich im ersten der Zehn Gebote in deren lutherischer und römisch-katholischer Fassung. Wie wenig autoritär ist dagegen das demokratische Götterbild der Antike. Wir schätzen bis auf den heutigen Tag doch auch die Architektur der alten Griechen. Wir graben sogar wie verrückt danach. In unserer Religiosität haben wir jede Archäologie eingestellt und verstecken uns hinter einem perfekten Gott. Stehen wir doch zur himmlischen Unübersichtlichkeit. Ein angstfreier Mensch muss sie aushalten können.

I am perfec!

Irgendwo auf meinen Reisen durch die Welt – ich weiß nicht mehr, wo – stand ich plötzlich vor einer Häuserwand. Auf die hatte ein hintersinniger Witzbold ein Graffito gemalt: «I am perfec!» Eine Sekunde lang war ich verwirrt und dachte: Kann der Typ kein Englisch? Dann fiel es mir wie Schuppen von den Augen: Der Sprüher hatte das kleine «t» absichtlich eingespart. Wer weiß, womöglich war ein kluger Gott der Schmierfink.

Lob der kleinen Korruption

Die meisten Italiener halten sich nicht für perfekt. Welch ein Segen. Sie haben nämlich herausgefunden, dass ohne Korruption nichts vorwärts geht. Dem stimme ich begeistert zu. Ein bisschen Korruption ist doch sehr erfrischend. Die Italiener haben dafür das fabelhafte Wort «la combinazione». Damit meinen sie die kleinen Tricks und Schlawinereien, die manchmal nötig sind, um sich durch den Alltag zu wurschteln. Keine Bange, ich singe kein Loblied auf die organisierte Korruption der Mafia und auch keines auf Bestechung und Bestechlichkeit in der Politik. Mir sind ganz einfach die listigen Korruptiönchen der so genannten kleinen Leute sympathisch. Ganz und gar unsympathisch ist mir dagegen der bigotte Puritanismus, der gegenwärtig wieder in Mode zu kommen scheint, vor allem in den USA und in England. Dieser Puritanismus ist verlogen, ich bin sicher, dass die Leute, die ihn predigen, sich selber nicht an ihn halten. Anderen Wasser empfehlen und selber Champagner trinken. Der Puritanismus legt den Menschen überdies moralische Zwangsjacken an und macht das kleine Leben freudlos und unmöglich. Sogar die Presse spielt in den genannten Ländern leider dabei mit. Wehe dem, der von ihnen wegen seiner Korruptiönchen an den Pranger gestellt wird. Er ist auf Rechtsanwälte angewiesen, deren Verteidigung kaum ein Mensch bezahlen kann.

Nach dem Zweiten Weltkrieg, als auch in Italien vieles darniederlag, steckten die Stadtväter einer kleinen Gemeinde ihre Köpfe zusammen, unter ihnen Architekten und Ingenieure, und heckten den verwegenen Plan aus, ihre Heimat mit Falschgeld wieder aufzubauen. Denn sie sahen keine Alternative: Falschgeld gegen Kredite und alles, was sie nötig hatten. Sogar sich selbst bezahlten sie damit. Als die

Gemeinde wieder blühte, zahlten sie mit richtigen Lire alles zurück. Diese geniale Falschmünzerei war nur in Italien möglich – zum Wohle der Menschen.

Vorurteil, Lüge, Propaganda

Ein «dummer» Mensch hat wahrscheinlich Vorurteile, weil er über wenig Welterfahrung verfügt. Ein «intelligenter» Mensch, der weiß, dass er Vorurteile hat und mit ihnen Macht ausübt, ist schlimmer. Goebbels oder der italienische Faschist Gentile, ein Freund Mussolinis, waren keine dummen Menschen. Sie haben trotzdem Vorurteile unters Volk geschmuggelt. Desinformation und Missinformation gehören leider auch zu den legitimen Waffen eines modernen Staates. Sie sind in Wahrheit nichts als Lügen. Wenn man privat zu einem Menschen sagt, du hast mich falsch informiert, und er wusste, was er tat, überführt man ihn einer Lüge. Aber ein Staat rechtfertigt sich für seine Handlungen elegant mit der Staatsraison. Staatsraison, was für ein Wort! Man muss Angst davor haben. In Italien wurde ihr sogar der Exministerpräsident Aldo Moro geopfert. Sein Leben hätte gerettet werden können, aber dann hätte sich der Staat von den Terroristen erpressen lassen. Also opferte man den eigenen Bannerträger. Wo blieb, wenn schon nicht die Sympathie, die Loyalität zu Aldo Moro?

Wenn ein intelligenter Verbrecher wie Goebbels Vorurteile ins Volk schmuggelte und damit die Köpfe infizierte, dann wusste er genau, was er tat. Er verstand genau, wie die Deutschen behandelt werden mussten, sodass sie für ihn arbeiteten. Vor der so genannten Reichskristallnacht, in welcher der Terror gegen die Juden seinen ersten schauerlichen Höhepunkt erreichte, waren die Vorurteile schon so genährt, dass es kaum noch Widerstand gab. Sie konnte beginnen, weil viele Deutsche bereit waren.

Ich vergleiche die deutsche Vergangenheit in gar keiner Weise mit der US-amerikanischen Gegenwart. Aber: Auch der Irak-Krieg fing an, weil die Amerikaner bereit waren. Eine unerhörte Karikatur der Wahrheit! Denn sie werden die herbeigesehnten Waffen im Irak nicht finden. Die existieren gar nicht. Dafür findet man jetzt Massengräber, die man entsetzlicherweise schon vielerorts gefunden hat in diesem Jahrhundert. Wir werden es sehen: Bush wird sagen, deshalb haben wir angegriffen, wir wussten, dass da Massengräber waren, und in unserem Jahrhundert nach den Nazis ist das eine Katastrophe, wir mussten angreifen. Obwohl alle Argumente für den Krieg wie ein Kartenhaus zusammengefallen sind, werden sie nachträglich eine neue Rechtfertigung finden. Irgendeine Halbwahrheit. Die Halbwahrheit, das ist der Tümpel, in dem das Vorurteil schwimmt.

Smoke

Die größte Paradoxie ist die Zigarettenindustrie. Sie ist die einzige Industrie, die auf ihre Produkte, auf die Zigarettenschachteln drucken muss: Wenn du diese Packung kaufst, wirst du vermutlich früh sterben. Die Schrift wird immer größer. Kein Autoverkäufer, kein Uhrenverkäufer würde sagen: Diese Uhr erzeugt Allergien. Die Zigarettenindustrie muss Schlimmeres zugeben. Dann müssen sie eine Werbemaschinerie in Gang setzen, die das Gegenteil behauptet: Rauchen sei gar nicht so schlimm. Rauchen sei schön.

Marlboro mache frei. Wenn dann eine Dame, für die die warnende Schrift auf der Packung nicht groß genug war, beteuert, ich sterbe jetzt an Krebs, weil ich geraucht habe, und deshalb will ich 80 Millionen Dollar von Marlboro, verdienen auch noch die Anwälte an dem Fiasko. Ich halte das für eine komplette Paradoxie, weil jeder weiß, dass er schummelt, dass er Vorurteile verkauft. Man gibt 3 Euro und bald mehr für eine Packung Vorurteile aus.

Cuisine internationale

Es ist oft schwierig, die Grenzen zu finden zwischen Meinungen und Vorurteilen, weil die Menschen Meinungen haben müssen, sonst haben sie keine Persönlichkeit. Man kann die italienische Küche sehr gern haben und die skandinavische Küche weniger, aber das ist kein Vorurteil, das ist eine Geschmackssache. Ich erforsche die Länder, die ich bereise, gern kulinarisch. Wenn ich die französische Küche besser als die deutsche fände, wäre das meine Meinung. Wenn man jedoch in Reiseführern oder in «Le Monde» gedruckt liest, die deutsche Küche sei schlechter als die französische, dann handelt es sich zwar um die private Meinung eines Kritikers. Da er sie aber in ein viel verkauftes Buch drucken lässt oder in einer Zeitung von sich gibt, kann er zu einem Vorurteil beitragen. Wenn ich einem Oberkellner *nach* dem Essen ein Trinkgeld gebe, ist das keine Bestechung, wenn ich es ihm *vor* dem Essen zustecke, ist es eine.

Spaziergänge durch Kunst und Musik

Wenn ich in ein Museum gehe, vor einem Picasso-Bild stehe und dann sage, zu diesem Bild kann ich keine Beziehung entwickeln, dann habe ich völlig frei meinen Geschmack geäußert. In dem Moment aber, wo derselbe Betrachter sagt, weil mir dieser Picasso nicht gefällt, ist das keine Kunst, wäre er ein Spießer. Dann wäre der Geschmack in ein Vorurteil verkehrt. Ich darf auch bei Mozart einschlafen. Das ist mein gutes Recht, aber wenn ich dann sage, weil ich bei Mozart einschlafe, hat der Mann nicht komponieren können, ist das einfältig, kleinbürgerlich. Der Geschmack ist frei. Das Vorurteil sollte eingesperrt werden. Der Geschmack und das Vorurteil können sehr nah beieinander liegen, aber sie sind verfeindete Geschwister. Aber der Geschmack kann sich ändern. Bevor es Prokofjew gab oder Benjamin Britten, war mein musikalischer Geschmack anders. Das geht ein bisschen zu wie an der Börse. Mal fallen die Bach-Aktien, wenn man auf einmal Vivaldi findet, und dann ist Bach wieder en vogue.

Es gibt Fortschritte in der Demokratie, es gibt Fortschritte in der Technik. Kann man auch von Fortschritten sprechen in der Kunst, in der Musik? Ich glaube nicht, denn niemand wird etwas besser als Bach machen, es ist unmöglich, ihn zu kopieren. Er hat es schon selbst gemacht. Dasselbe gilt für Verdi, niemand kann Verdi besser machen als er selbst.

Rockmusik

Es gibt Freunde, die glauben, mich bei einem Vorurteil erwischt zu haben: gegen die Pop- und Rockmusik. Ich glaube nicht, dass sie Recht haben. Die Popmusik ist einfach nicht mein Geschmack. Ein Vorurteil hätte ich nur dann, wenn ich sie ablehnte, ohne sie je gehört zu haben. Oder wenn mich die Menschen störten, die sie mögen. Jeder soll sich anhören, was ihm gefällt. Ich persönlich empfinde die lyrische Seite des Rock als arm. Natürlich gibt es Ausnahmen: Bob Dylan. Früher hat man den Jazz und dann die Popmusik «Affenmusik» genannt. Damit äußerte sich natürlich ein Vorurteil gegen diese Musik – und, noch schlimmer, auch eines gegen Affen.

Viele heutige Rockstars singen mit so einem komischen Atlantikakzent, den ich gar nicht verstehe, ich weiß wirklich nicht, was die singen. Das stört mich eigentlich nicht, weil ich glaube, dass der Text auch in einer Oper unwichtig ist. Es schadet mancher Oper sogar, in der Übersetzung gesungen zu werden, weil sich die Originalsprache viel besser anhört. In der deutschen Übersetzung von «Madame Butterfly» singt eine sehr dicke Sopranistin in einer kleinen Hütte, ganz und gar aus Bambus gemacht: «Hier will ich mich verborgen halten.» Ich frage mich, wo sie sich verstecken könnte in einem japanischen Haus.

Mit den Beatles hat etwas Neues angefangen, einiges davon ist ja ins Repertoire von Opernsängern übernommen worden, «Yesterday» zum Beispiel. Da spüre ich eine Qualität im Text, aber heutzutage finde ich das kaum noch. In gewissem Sinne ist die Popmusik die Rache Afrikas an den Weißen, weil sie etwas intoniert, das die Weißen jetzt alle nachmachen. Wenn so eine Musik authentisch ist, dann finde ich sie manchmal höchst interessant, und auch die schwarzen Chöre in Südafrika sind oft fabelhaft, die singen, modernisiert, wirklich ihre eigene Folklore. Aber wenn Weiße diese Musik aufführen, habe ich immer ein schales Gefühl, sogar wenn sie einen Hut tragen oder Lederjacken oder mit einer Gitarre rumschmeißen.

Kann man überhaupt von Vorurteilen in der Musik sprechen? Gibt es eine Musik, die sich lustig macht über eine andere Musik, diese parodiert? Nein, ich glaube nicht, dass die Musik Vorurteile zum Klingen bringt. Natürlich, manche Musiker sind voller Vorurteile und haben ebenso witzige wie schlimme Weisheiten übereinander verbreitet. Berlioz über Chopin: «Sein Werk klingt, als sei er ein Leben lang gestorben.» Berlioz meinte die Stimmung, die von Chopins Musik ausgeht.

Richard Wagner, meine Schlaftablette

Auch über Wagners Musik hat es Vorurteile gegeben, aber er hatte selber auch welche. Ich bewundere seinen Humanismus, aber ich liebe seine Musik nicht. Ich bin kein großer Wagner-Fan, ich habe zu meiner Mutter gesagt: «Meine Gleichgültigkeit muss eine Krankheit sein.» Ich war in München, habe Squash gespielt, fühlte mich sehr gut, ging anschließend in die Oper – und bin schon beim Vorspiel eingeschlafen. Ich bin erst wieder aufgewacht, als einige Leute in der ersten Pause über meine Beine kletterten. Meine Mutter tröstete mich, das sei keine Krankheit. «Das hast du von deinem Großvater, dem Architekten des Zaren.» Während der Revolution ging er weiterhin in die Oper in Sankt Petersburg, und dort spielte man manchmal Wagner. Wenn mein Großvater das im Programmheft sah,

wurde er sehr aufgeregt und machte sich eine Thermoskanne mit Kaffee und ein paar Sandwiches und begab sich in seine Loge, die noch immer in Familienbesitz war unter den Sowjets. Dort hat er dann die Vorhänge geschlossen und fünf Stunden ruhig geschlafen. Sehr ruhig geschlafen, weil er Wagner hörte, bis der Applaus beendet war.
Sein Enkel kann Wagner immerhin in kleinen Partien anhören, aber eine ganze Oper wird mir zu viel. Sogar bei der «Götterdämmerung» und «Parsifal» döse ich lieber. Ich weiß nicht, warum das so ist. Viele sagen, die Musik von Wagner sei faschistisch. Da bewundere ich meinen Freund Daniel Barenboim, der für Wagner sogar in Israel kämpft. Vorurteile über Wagner finden Anklang in Israel. Man kann nicht sagen, dass seine Musik faschistisch ist, auch wenn er sich persönlich antisemitisch geäußert hat. Eine wirklich faschistische Musik ist das Horst-Wessel-Lied «Die Fahne hoch, die Reihen fest geschlossen». Der mutige Daniel Barenboim hat sich vor wenigen Jahren vor sein Publikum gestellt in Tel Aviv und gesagt: «Mercedes kauft ihr, aber Wagner wollt ihr nicht hören!» Ich bin mit meinen musikalischen Shows auch einmal in einer Fabrik in Linz aufgetreten. Die Österreicher haben mir gesagt, sie hieß «damals» Hermann-Göring-Fabrik.
Die Nazis, deren Durchhaltemusik auf Fanfaren gebaut war, haben die Musik von Wagner, sogar Beethoven, doch nur benutzt. Dennoch ist Beethovens «Ode an die Freude» jetzt eine Nationalhymne geworden in Europa. Der Missbrauch der Nazis hat nichts verdorben, wenn man Beethovens 9. Symphonie hört. Die Sowjets benutzten Schumanns «Träumerei» als eine heilige Musik in Stalingrad. Komischerweise, wenn man die Musik wieder hört, auf dem Flügel gespielt, sagt man sich: Ach, da kommt sie her. Musik lebt oft auch vom Instrument. Friedrich Händel

auf dem Cembalo oder später auf dem Klavier hört sich anders an als orchestriert.

Seit Jahren entdeckt man zum Glück auch die Komponisten wieder, die von den Nazis gehasst wurden. Künstler wie Viktor Ullmann, fabelhafte Symphonien und eine Oper, die in Theresienstadt geschrieben wurden. Das macht das Leben faszinierend. Ohne jedes Vorurteil können wir die Musik von Viktor Ullmann gern oder nicht gern haben, es ändert nichts an ihrer Qualität.

Gibt es eigentlich den viel zitierten Unterschied zwischen Unterhaltungsmusik und elitärer Musik? Die Unterhaltungsmusik, die man im Lift hört, ist Musik, der man nicht zuhört. Sie ist nur dazu da, die fünfzig Sekunden peinlichen Schweigens zu überbrücken, wenn wir uns in New York in den 58. Stock eines Wolkenkratzers fahren lassen. Man hört ihr wirklich nicht zu, sie ist im Grunde nicht einmal Gebrauchsmusik. Und wie ist es in der Klassik? Ich erinnere mich an ein Interview mit Leonard Bernstein, in dem er sagte, Carl Orffs Evergreen «Carmina Burana» oder sogar der «Boléro» von Ravel seien vielleicht zweitklassige, aber dennoch wundervolle Musik.

Schönberg unter der Dusche

Im 18. Jahrhundert waren die Grenzen zwischen Ernst und Unterhaltung in der Kunst viel fließender als heute. Die Klassik war ja noch keine, sie war populäre Musik. Der Zeitungsjunge, hätte es ihn damals schon gegeben, hätte die Schlager aus Mozarts «Zauberflöte» von Haus zu Haus auf seinem Fahrrad singen können. Sie ist eine wundervolle, aber nicht besonders «tiefe» Musik, die «Zauberflöte» ist eine Art Pantomime. Ich habe über Mozart einmal geschrieben, dass er die tiefsinnigste Oberfläche zum Klingen bringt. Er zerstört die Oberfläche des Wassers nicht, sodass wir die Feinheiten der Steine da unten kristallklar sehen und genießen können. Man kann manche seiner Melodien sogar morgens im Bad pfeifen. Mit vielen der atonalen Komponisten der Gegenwart, die immer noch wie Schüler von Arnold Schönbergs komplizierter Zwölftonmusik wirken, stelle ich mir das nicht so lustig vor. Sie haben sich fast alle in Mathematiker verwandelt und kommen aus ihrem akademischen Tunnel nicht heraus. Wenn ich nun gut gelaunt bin, ich bin trotz meines Intimfeindes George W. Bush häufig gut gelaunt, und Schönberg unter der Dusche singen wollte, hörte sich das etwa so an: «725 geteilt durch 9 mal 13 minus 7.» Wer Schönberg unter der Dusche singt, ist nach meinem Geschmack sehr unmusikalisch. Täte ich es, ich glaube, für meine Frau wäre es ein Scheidungsgrund. Andere Gründe hat sie zum Glück nicht.

Kunst und Diktatur

Man hat mir ein Buch über den Dirigenten Sergiu Celebidache geschenkt. Es ist ein erstaunliches Buch, denn es enthält sehr prononcierte Meinungen, die aber wie Vorurteile daherkommen. Mein Eindruck: Er ist wohl sehr autoritär. Er hat einmal Jean Sibelius geprobt in München mit der Geigerin Anne-Sophie Mutter. Sie stritten um Tempi. Er war für etwas langsamere Tempi, und die junge Solistin wollte den Sibelius etwas flotter, etwas schneller spielen. Da kam es zum Abbruch der Proben. Die junge Frau ging nach Hause. Sie musste auch selber sehr streng sein, um das zu können. Ich finde, ein Dirigent sollte sich nicht wie ein Diktator aufführen. Wie kann man bei großen Musikern oder Schauspielern ein Diktator sein? Der Regisseur und Dirigent ist vielleicht manchmal klüger als der Solist, aber seine Musiker müssen atmen können. Sonst wird doch ihr Talent erstickt.

Ich habe immer sehr gern in Verfilmungen der Romane Graham Greenes gespielt. In «Die Stunde der Komödianten» mit Richard Burton, Elizabeth Taylor und Alec Guinness. In der Kriminalsatire «Das Millionending», der allerdings kein Greene-Roman zugrunde liegt, hatte ich die hinreißende Maggie Smith zur Partnerin. Ich dirigierte ein Haydn-Flötenkonzert, auf der Flöte spielte Maggie. Wir wurden immerhin vom Londoner Philharmonia Orchestra begleitet, richtiger, wir begleiteten das famose Orchester und begnügten uns mit dem ersten Satz. Da kam anschließend die Erste Violine zu mir und sagte: «Wir haben schon unter schlechteren Dirigenten gespielt.» Dieses Kompliment hat mir damals eine große Freude bereitet. Ich hatte mich wirklich nicht wie ein Zampano gebärdet, hätte mich das vor diesen erlesenen Musikern auch gar nicht getraut. Aber auch die Dirigenten, die sich trauen dürften, müssen es nicht tun. Eigentlich sollte die Diktatur der Kunst fremd sein. Ein Diktator gehört nicht in die Welt der Kunst, weder als Regisseur noch als Orchesterchef. Es sei denn, er heißt nur so. Ich schwöre bei allen Heiligen, dass ich keine Witze mache, sondern die Geschichte wirklich erlebt habe: Bei Filmarbeiten in Kroatien stellten sich mir der Artdirektor und sein Assistent vor. Der Chef: «Gestatten, Despotowitsch.» Sein Untergebener: «Gestatten, Vasallowitsch.»

Genies auf Befehl!

Noch 2003 veranstaltete ich eine Hommage in Manchester für Prokofjew, der ein großer Komponist war. Wenn man sein Werk heute analysiert, stellt man fest, dass eine seiner besten Kompositionen verständlicherweise nie gespielt worden ist: eine Hymne auf Stalin. Musikalisch ist das Stück erstklassig, obwohl es von Stalin bestellt worden ist. Trotz seines Befehls an den Komponisten konnte er nicht verhindern, dass Prokofjew ein Genie war und eine sehr hübsche Hymne geschrieben hat. Nur einmal hat Prokofjew schlechten Geschmack gezeigt, nämlich als er am 5. März 1953, am selben Tag wie Stalin, starb. In ganz Moskau gab es keine Blumen mehr für den toten Komponisten.
Ein beliebtes Vorurteil lautet, der Maler Toulouse-Lautrec sei der Erste gewesen, der für die Werbung gearbeitet habe. Er war längst nicht der Erste, die Ersten waren Giotto, Raffael, Michelangelo und Leonardo da Vinci. Sie alle haben Werbung gemacht – für den Vatikan. Noch heute können wir in Italien «Kreuzigungen» ja an keinem Ort entkommen. Alle Bilder dieser Epoche sind religiös. Der Florentiner Botticelli mit seiner «Geburt der Venus» war der Einzige, der schon im 15. Jahrhundert etwas anderes gemacht hat. Der würde heute für die «Vogue» arbeiten.

Vorsicht! Kitsch

Was ist Kitsch? Ich glaube, diese heikle Frage beantwortet vorwiegend unser Instinkt, der natürlich subtil und weniger subtil sein kann. Ein origineller deutscher Maler, der sehr unterschätzt wurde, weil er unglücklicherweise zwischen zwei Epochen fällt, ist Adolph von Menzel. Ich finde, er ist ein großer Künstler. Auch die Expressionisten sind sehr interessant, etwa Kokoschka. Wenn man in Paris eine Matisse-Ausstellung organisiert, kommen Hunderttausende von Besuchern und sind begeistert. Am besten schlägt man, wenn man überhaupt etwas sehen will, schon eine Woche vor Eröffnung sein Zelt vor dem Museum auf, um sich einen guten Platz in der kilometerlangen Schlange zu sichern. Wenn Max Beckmann ausgestellt wird, verbringt man dagegen einen wunderbaren Tag mit ihm ganz allein im Centre Pompidou. Ist Beckmann deswegen ärmer als Matisse? Ich glaube, er ist einer der interessantesten deutschen Maler des 20. Jahrhunderts. Auch die russische Schule aus jener Epoche gefällt mir sehr. Lange Zeit konnte und durfte man sie nicht sehen, aber jetzt rücken sie langsam alle ans Tageslicht. Malern wie Serow, einem fabelhaften Künstler, und auch meiner schönen Cousine, die schon lange verstorben ist, Zinaida Serebrikowa, sind jetzt große Ausstellungen in Russland gewidmet. Auch einem Maler wie Arnold Böcklin tut man wohl Unrecht, wenn man seine Arbeiten als Kitsch deklariert. Sein Pech ist, dass er sich meist Themen gewählt hat, die sehr kitschig wirken, immer Nymphen mit sehr großen, nassen Hintern, die aus dem Meer kommen. Eines seiner Bilder nennt sich «Toteninsel», das spielt wohl mit dem Kitsch. Böcklin zahlt vielleicht dafür, dass er in einer Zeit lebte (1827–1901), in der sich der Geschmack verändert hat. Unter den neuen Moden fand er keinen rechten Platz.

Ob Musik Kitsch sein kann? Ich traue mir keine sichere Antwort zu. Denn was wir Kitsch nennen, ist einem ständigen Wandel unterworfen. Als ich jung war, haben meine Eltern mir eingeimpft, der Jugendstil sei geschmackloser

Kitsch. Mit all seiner ziselierten, manchmal sogar rokokohaft pausbäckigen Verspieltheit hat er wohl auch eine kitschige Seite. Aber jetzt, da ich älter bin, empfinde ich das nicht mehr als so abschreckend. Denn der Jugendstil kann hier und da auch auf schönste Weise nostalgisch machen.
Ich bin mit meinem Kitsch-Verdacht also vorsichtig. Ob der Mensch etwas als kitschig empfindet oder als beglückend, hängt schließlich auch von seiner schulischen, kulturellen und geschmacklichen Bildung ab, von der geistigen Vorprägung des Betrachters. Doch einen Kitsch-Verdacht möchte ich mir leisten: Ich kenne einen zeitgenössischen österreichischen Maler, der ist wirklich nah dran. Seine imitierende Malerei bewegt sich zwischen Salvador Dalí und englischen Präraffaeliten. Seine Kunst wird nur noch von seinem persönlichen Auftreten übertroffen. Es ist schon starker Tobak, wenn dieser Malerfürst mit Hut und Schal, einem Cut und Stock in Wien auf einen zukommt und als Erstes und Einziges fragt: «Haben Sie mein neues Buch schon gesehen?» – «Nein!» – «Nein? Wie ist das nur möglich? Es ist wunderbar. Sie müssen es unbedingt haben. Ich werde es Ihnen schicken.» Er hat es mir geschickt – und ich bewahre es immer noch auf. Da bin ich wie mein Großonkel, bei dem auch Kunstwerke auf dem Nachttisch lagen, zu denen er keine Beziehung fand. Denn ich will nicht ausschließen, dass Tage respektive Nächte kommen, in denen ich meine Meinung ändere und die Malerei des Österreichers mit anderen Augen zu sehen beginne.

Chagall, die Ziege

Es gibt Leute wie mich, die können die Malerei von Marc Chagall nicht leiden. Das hat gar nichts mit seiner Religiosität zu tun. Ich kann ihn nicht leiden, weil auf fast all seinen Bildern dieselben flachen roten, blauen, grünen, gelben Farben zu sehen sind – und immer mit einer Ziege auf einem Dach und einem Rabbiner, der mal wieder Violine spielt. Das macht mich wahnsinnig. Das heißt nicht, dass ich gegen Chagall als Person etwas hätte oder sein malerisches Talent bezweifelte. Chagall war sicher sehr nett, ich habe keinerlei Vorurteile gegen ihn und seine Kunst, ich kann sie nur einfach nicht ausstehen. Das ist meine Meinung, mein Geschmack. Ein Vorurteil hätte ich nur, wenn Chagall noch am Leben wäre, plötzlich ganz anders malte, ich aber immer noch dasselbe über ihn dächte. Nehmen wir also an, er malte auf einmal eine Ziege im Keller und ich sähe sie nach wie vor auf dem Dach, dann hätte ich ein Vorurteil.

Kunst und «political correctness»

Als ich die «Zauberflöte» in Hamburg inszeniert habe, gab es eine große Diskussion: Sollten wir in Emanuel Schikaneders Text für Mozart modernisierend eingreifen? Weil in Schikaneders Libretto eine Figur singt: «Schwarz ist hässlich» und dabei selber schwarz ist? Ich war dafür, es solle so bleiben, wie es im Libretto geschrieben steht, weil ohnehin niemand auf den Text hören wird, wenn er so schnell gesungen wird. Niemand wird etwas bemerken, und niemand wird beleidigt sein. Auch bei Charles Dickens kennen wir das «Problem», etwa mit dem jüdischen Hehler in «Oliver Twist». Es gibt ja jetzt diese Tendenz, die aus amerikanischen Universitäten kommt: die political correctness auch in der Kunst. In deren Licht wird die gesamte Weltliteratur, die Musik und auch die Malerei neu gelesen und verbissen als eine interpretiert, die vom dominierenden weißen Mann produziert worden sei. Sobald eine Stelle auftaucht, die dem modernen Emanzipationsideal nicht tadellos entspricht, wird sie politisch korrekt umgeschrieben. Wir hätten das auch bei Mozart machen können, wenn wir sehr dumm gewesen wären. Mich stören solche Stellen bei Mozart gar nicht. Wenn ein Schwarzer singt, schwarz ist hässlich, resümieren er und Schikaneder doch nur die Vorurteile ihrer Epoche, das heißt nicht, dass Mozart selbst so dachte, und auch nicht, dass wir so denken. In der Kunst müssen der Dichter und der Komponist nicht immer sagen: Das ist falsch oder richtig. Sie inszenieren Figuren, die den Zeitgeist repräsentieren. Umgekehrt litten wir alle lange unter dem ebenso berüchtigten wie amüsanten Index des Vatikans. Mit ihm wurden besonders «gefährliche» Künste in die Verbannung geschickt. Heutzutage sind sie sogar in der Kirchenbibliothek zu haben: James Joyces «Ulysses» oder D. H. Lawrences «Lady Chatterley's Lover». Ich wäre nur sehr erstaunt, wenn ein Priester diese Ausgeburten des Teufels verstehen könnte.

Die Hure

In Paris gibt es jetzt ein Dekret, welches dazu führt, dass alle Kunden von Prostituierten bestraft werden. Nicht nur die Prostituierten werden bestraft, wenn sie auf der Stra-

ße stehen, sondern auch ihre Freier. Die wirklichen Verbrecher sind die Zuhälter, die diese Frauen aus Rumänien, Moldawien und anderen armen Ländern geradezu entführen und verkaufen. In Italien gibt es sogar Städte, in denen die Namen der Freier veröffentlicht werden. Ich habe einen empörten Artikel geschrieben über einen Londoner Generalstaatsanwalt, der festgenommen wurde und seinen Job verlor, weil er mit seinem Auto sehr langsam gefahren ist in einer Hurenzone. Durch das Fenster seines Wagens hat er die Frauen angesprochen, ohne auszusteigen. Ich fand das wirklich schlimm, diesen bigotten Moralismus. Ich hätte nämlich leicht selbst einmal sein Opfer werden können.
In Köln neben dem Hauptbahnhof wurde ich von einer Liebesdame begrüßt: «Ach, Herr Unicef», sagte sie. «Warum nennen Sie mich so?» – «Entschuldigung, ich habe Ihren Namen auf der Zunge, aber ich komme nicht drauf, wie heißen Sie noch gleich? Ich habe Sie oft im Kino gesehen.» Ich antwortete: «Ustinov.» – «Ja, natürlich: Ustinov/Unicef, das ist leicht zu verwechseln.» Diese Verwechslung empfand ich als schönstes Kompliment: «Aber warum haben Sie mich angesprochen?» – «Ich bin nur eine Hure, und ich habe eine kleine Tochter. Sie weiß nicht, was ich mache, aber ich behalte genug Geld, um sie zu ernähren und ihr ein Dach über dem Kopf zu geben. Nun, was wir übrig haben in einer guten Woche, spenden wir an UNICEF.» Ich dachte, wenn wir jetzt in London wären, tauchte wohl ein Polizist auf: «Eine Sekunde, worüber sprechen Sie mit dieser Dame?» – «Über Unicef.» – «Sonst noch was? Kommen Sie bitte mit.» Man sollte die Freiheit haben, mit einer Hure zu sprechen, ganz gleich, ob man mit ihr mitgehen will oder nicht.

Pornographie und Erotik

Sind die lockeren Sitten von heute ein Zeichen für den Untergang des Abendlandes? Hoffentlich nicht. Aber obwohl ich manche Auswüchse wie die Big-Brother-Moden unerträglich finde, fürchte ich noch mehr die Reaktion dagegen: den neuen Puritanismus. Ich weiß nicht, warum der nackte Mensch so ungewöhnlich ist. Wenn wir Tennis spielen, gehen wir nach dem Match alle zusammen unter die Dusche. Niemand findet das anstößig. Man trocknet sich ab, geht raus und nimmt einen Drink an der Bar. Komisch, dieselben Männer und Frauen, die sich in der Sauna splitternackt begegnen, würden das fünf Meter außerhalb der Sauna als Skandal auffassen. Ich habe das nie begriffen. In Helsinki mussten wir unser Meeting mit dem Leiter des finnischen Komitees der UNICEF einmal in der Sauna abhalten. Wir saßen da wie Vögel auf einem Telegrafenmast. Ich wusste nicht, was wir mit unseren Papieren anstellen sollten, die wurden alle feucht. Die UNICEF-Präsidentin gesellte sich zu uns. Sie war keine Claudia Schiffer, und wir beide waren keine Schwarzeneggers. Aber das störte uns nicht. Splitternackt sprachen wir über sehr ernste Belange. Was machen wir mit UNICEF in China und dergleichen. Wir hockten völlig selbstverständlich in der – Sie verstehen, was ich meine – abkühlenden Hitze und tauschten die nacktesten Argumente aus. Die Moral, auch das Vorurteil, suchen sich also verschiedene Situationen; was in einer Situation richtig sein kann, kann in der nächsten falsch sein. Die Standards ändern sich permanent. Als ich jung war, gab es ständig Zensur, es wurde sofort nein gesagt. Ich habe sogar in verschiedenen Filmen mit Zensur zu tun gehabt. Sogar die berühmte Strandszene mit Deborah Kerr und Burt Lancaster in Fred Zinnemanns «From Here to Eternity» («Verdammt in alle Ewigkeit») wurde lange gekillt. Auf einmal sah das Publikum nur noch Vögel am Himmel. Ein Paradox: Um wirklich sexuell zu sein im Kino, braucht man eine gewisse Zensur. Beim Liebesakt von Lancaster und Deborah Kerr spielte sich alles im Gehirn ab – im Gehirn der Zuschauer. Ich würde sagen: Um wirklich erotisch zu sein, braucht man die Verkleidung. Um wirklich sexuell zu sein im Kino, braucht man eine gewisse Zensur.

Die Stimme

Pornographie ist Erotik ohne Persönlichkeit. Zur Erotik gehören auch die Augen, die Stimme. Ich habe immer gedacht, ich werde eine Frau mit blauen Augen haben. Jetzt bin ich glücklich mit einer Frau, die braune Augen hat. Elias Canetti hat in seiner Autobiographie «Die Fackel im Ohr» eine erotische Szene aus seiner Studentenzeit beschrieben. Er kam – wie damals üblich, mit seinen Büchern unter dem Arm – von der Uni nach Hause in seine gemietete Studentenbude. Als er sie betreten will, macht sich das neue Hausmädchen, eine üppige Bäuerin, darin zu schaffen. Ihn elektrisiert, wie sie sein Bett auslüftet. Er steht eine Weile wortlos hinter ihr. Da dreht sich die junge Frau um und piepst: «Ich bin die Ružena, gnä' Herr!» Die Stimme löschte in Canetti augenblicklich sein erotisches Gefühl.
Ich habe eine romantische Seele, und als junger Kerl habe ich eine Frau angeguckt und gedacht: Könnte ich mein Leben mit ihr verbringen? Dann hörte ich ihre Stimme, und ich wusste, dass ich nicht zehn Minuten mit ihr leben könnte. Diese Enttäuschung eines lockenden Vorurteils gibt es

natürlich auch umgekehrt. Das ist sehr schön in einem der späten Filme von François Truffaut illustriert: «Der Mann, der die Frauen liebte». Jeden Morgen wird ein Mann vom Weckdienst der Post in den Tag gerufen. Von einer sehr erotischen weiblichen Stimme: «Guten Morgen, es ist Zeit aufzustehen!» Er sucht vom ersten Tag an die Frau, die zu dieser Stimme gehört, und findet sie eines Tages zufällig. Es ist eine verhärmte, graue, ältere Dame.

Nicht nur Stimmen, sogar Sprachen sind erotisch oder unerotisch. Das ist wie im Film «Ein Fisch namens Wanda», in dem es einem eher unerotischen, sehr lächerlichen und sehr britischen Liebhaber gelingt, allein durch die Rezitation italienischer und russischer Sprachfetzen eine Dame in andere Zustände zu versetzen. Ich glaube, dass der Welterfolg, der Mythos Marilyn Monroe sehr viel damit zu tun hat, dass sie eine alles andere als typisch amerikanische Frauenstimme hatte. Das war, glaube ich, das Kapital von Marilyn Monroe. Und auch, dass man ihre Echtheit, ihre ungekünstelte Natürlichkeit spürte. Sonst würde ein so ernster Mann wie Arthur Miller sie wohl auch nicht geheiratet haben.

Meine Interpretation von amerikanischer Demokratie ist, dass jeder das Recht hat, seinem Nachbarn so ähnlich wie möglich zu sein. Ein Volk von 280 Millionen Leuten begrüßt einen auf dieselbe Art: «Have a good day now.» Warum sagen sie das alle? Es sollte doch manchem etwas anderes einfallen. Aber es würde einen Skandal hervorrufen, wenn man sagen würde: «Have a *nice* day now.» Das ist Uniformierung, und die gibt es auch in Europa. Ich habe vor kurzem ein hohes Tier vom Fernsehen kennen gelernt. Wir haben uns darüber unterhalten, wie schwierig es ist, ein Fernsehprogramm zu machen, das ebenso anspruchsvoll wie unterhaltsam sein soll. Dann sprachen wir über eine

Fernsehmoderatorin, die eine sehr erfolgreiche politische Debatte leitet. Ich lobte: Ja, das ist eine sehr gute Sendung. Da verzogen sich seine Mundwinkel: «Nun, wir haben ein großes Problem mit ihr.» Ich: «Verlangt sie zu viel Geld?» – «Nein, ihre Stimme. Ihre Stimme ist ganz knapp an der Unerträglichkeitsgrenze.» Ich widersprach: «Diese Stimme finde ich absolut nicht unerträglich.» – «Doch, wir haben eine Umfrage gemacht. Das Ergebnis: Ihre Stimme ist am untersten Limit.» Hätte die Frau die Stimme noch ein bisschen weiter in der Kehle, flöge sie raus. Das wird normiert. Es reicht nicht, souverän zu sein, es reicht nicht, attraktiv auszusehen, nein, auch die Stimme muss der Norm entsprechen. So wird das Fernsehen uniformiert.

In den Kerkern des Vorurteils: Auschwitz

In der Frankfurter Paulskirche hatte ich im Herbst 2002 die Ehre, gemeinsam mit dem brasilianischen Schriftsteller Paulo Coelho den «Planetary Consciousness Award» entgegennehmen zu dürfen, einen Preis für weltweites Gewissen, den der «Club of Budapest» vergibt. Meine Laudatio hielt Marcel Reich-Ranicki. Als er ans Rednerpult auf die Bühne trat, witzelte er: «Ich habe mir immer gewünscht, einmal auf Peter Ustinov herabzusehen. Nun ist es endlich so weit.» Dann beklagte er sich elegant darüber, dass man ihm nur sieben Minuten Redezeit reserviert habe. «Über wen soll ich in diesen Minuten sprechen? Über den Theaterschauspieler, Autor, Talkmaster oder Komödianten?» Er spreche am liebsten über den «politisch Engagierten, der Institute zur Erforschung von Vorurteilen gründe».

Schließlich sagte der etwa gleich alte Mann, der das Warschauer Ghetto überlebt hat: «Was war Auschwitz anderes als das Resultat barbarischer Vorurteile!» Das hat mich sehr bewegt. Was aber Auschwitz betrifft, hatte ich mir für dieses Buch vieles vorgenommen. Ich kann es nicht ausführen. Die Schrecken sind zu groß, und die Sprache ist zu klein dafür. Einem ganz anderen Menschen, in einem anderen Jahrhundert und anderen Lebenslagen, ging es ähnlich wie mir jetzt, es ist der französische Schriftsteller Denis Diderot. Als er bei der Abfassung seiner «Enzyklopädie» an die Bartholomäus-Nacht geriet, hörte er nach der Notiz «Massaker an mehreren tausend Menschen» mit seinen Beschreibungen auf: «Ich habe nicht die Kraft, mehr darüber zu sagen.» In Auschwitz waren es oft Tausende an einem Tag.

Kambodscha

Ich spreche von einem der wenigen Augenblicke, in denen ich so wütend war, dass ich wirklich für zwanzig Minuten nicht denken konnte. Das war im Gefängnis von Phnom Penh. Ich war dort hingeschickt worden von UNICEF. Das war vor etwa zehn Jahren, also lange nach den Roten Khmer. Dieses Gefängnis ist ein Loch ohne Licht, in das keinerlei Leben dringt. Die Gefangenen saßen auf einem Bett, ohne Decke, sie waren gefesselt und verbrachten so den ganzen Tag. Auf einer Mauer stand, wie sie sich zu benehmen hatten. Eines war ihnen streng verboten: zu stöhnen oder zu schreien, wenn sie mit elektrischen Riemen gefoltert wurden. So stand es dort auf Englisch geschrieben. Wenn man den Insassen eine Frage stellte, antworteten sie sofort, denn alle Pausen galten als Beweis dafür, dass sie etwas zu verbergen hatten! Wir kamen raus an die freie Luft, aber das Entsetzen blieb: Kinder mit einem Bein oder einem Arm, sie waren auf Landminen getreten. Kambodscha ist wirklich eines der hoffnungslosesten Länder, die ich kenne. Es gibt noch immer kaum Tourismus. Nichts, außer Angkorwat, der Tempelstadt. Die ganze Landschaft sieht krank aus.

Pazifismus

Als ich mich neben vielen anderen über den Irak-Krieg geäußert hatte, haben mich englische Zeitungen gefragt: Sie sind Pazifist? Als gäbe es keine Erinnerung mehr an Mahatma Gandhi. «Pazifist» war plötzlich ein Schimpfwort. Ich antwortete: «Nein, ich kann nicht sagen, dass ich Pazifist bin, weil ich im Zweiten Weltkrieg gedient habe. Aber ich glaube, dass der Krieg inzwischen altmodisch ist.» Pazifismus in Kriegszeiten ist etwas Unpatriotisches. In normalen Zeiten, wenn Leute überlegen können, ist er eine Pflicht. Es ist interessant, dass mir die Frage immer nur in Kriegszeiten gestellt worden ist. Niemand hat mich das sonst in meinem Leben gefragt. Der Opportunismus regiert! Zu Friedenszeiten lässt man die Pazifisten in Ruhe, in Kriegszeiten sind sie Landesverräter. Sonst würden die Amerikaner auch nicht solche Dummheiten machen, wie französischen Käse in den Mülleimer zu werfen. Sie werfen französischen Käse weg und gießen französischen Wein in die Toilette. In den USA nennen sie «French fries» inzwischen «freedom fries». Ich frage mich, ob sie «French kiss» demnächst «freedom kiss» nennen werden.

Einsteins Dilemma

Nachdem Albert Einstein in einem Brief an den US-Präsidenten Roosevelt den Bau einer Atombombe gegen Hitlers Nazis empfohlen hatte, wurde sie unter Leitung des Atomphysikers Robert Oppenheimer ab 1943 in Los Alamos erstmals gebaut. Albert Einstein war ein glühender Pazifist und hat den Bau der Bombe gegen seine innere Moral, gegen seine friedliebende Gesinnung in der Hoffnung empfohlen, dass die Amerikaner diese schreckliche Bombe gegen den Teufel in Einsteins eigenem Land, nämlich gegen Hitler, benutzen würden. Das war für mich immer eine ungeheuer paradoxe Situation, dass ein Pazifist zur Atombombe riet und dies aus moralisch gutem Grunde tat. Robert Oppenheimer als einsamer Mensch, der sehr viele Geheimnisse hatte, glaubte wohl, dass er die Mächtigen beeinflussen könne, seine Erfindung im richtigen Sinn zu benutzen. Aber das geht leider nie, weil da nicht nur Politiker, sondern immer auch Militärchefs und andere Experten dazwischen sind. Die warten nur darauf, dass andere Experten noch klüger als Oppenheimer sind, klüger zu ihren Gunsten. Da er nicht die Kontrolle über seine schreckliche Erfindung haben konnte, hätte Oppenheimer sein Geheimnis vielleicht für sich behalten müssen. Ein Wissenschaftler hat nicht nur die Verpflichtung zu forschen, sondern er hat auch eine ethische Verantwortung für die Folgen, für das, was mit seinem Geist gemacht wird. Dies zeigt, dass auch sehr intelligente Menschen, sogar einer wie Albert Einstein, durchaus nicht von Fehlurteilen frei sind. Nämlich von dem Fehlurteil, mit seinem Genie werde kein Missbrauch getrieben. Die Schwierigkeit mit Einstein und Oppenheimer war auch: Wenn sie allein waren, haben sie sich so große Fragen gestellt, dass es beinahe unmöglich war, diese Fragen ohne fremde Hilfe zu beantworten. Aber welche Hilfe sollen sie bekommen? Sie allein sind die Begabten. Sie haben den Schlüssel in der Hand, und sie fragen sich, wie kann ich diesen Schlüssel loswerden. Solche Menschen sind in bestimmten Augenblicken in genau derselben Lage wie jener Offizier, der von einem grässlichen anderen Offizier gesagt bekommt: «Ich lass den Revolver auf dem Tisch, Sie wissen, was Sie zu tun haben.»

Tyrannenmord

Trotz Alexander Puschkin und Friedrich Schillers «Wilhelm Tell»: Ich bin gegen den Tyrannenmord, entschieden gegen den ohne eigene Not importierten. Man darf doch nicht vergessen, unter welchen Lebenseindrücken der spätere Regimentsarzt Schiller «Wilhelm Tell» und «Die Räuber» geschrieben hat. Sieben Jahre lang war der junge Friedrich in ein nahezu erstickendes Korsett der Ordnung gepresst: ohne Schulferien, auch sonst kaum freie Stunden, Spaziergänge mit den Eltern nur unter militärischer Bewachung. Der Gipfel der Demütigung: Sogar sein rotes Haar zwang man ihn weiß zu pudern. Und das widerfuhr einem Geist wie Schiller, der die Freiheit wie die Luft zum Atmen brauchte. Wen wundert es da, dass er in seinem Hass auf den Absolutismus auch den Mord des Tyrannen in Erwägung zog? Wenn jemand wie ich ihn dennoch ablehnt, kann man natürlich den Advokaten des Teufels spielen und sich für einen Moment neben die eigene Überzeugung stellen: Hätte die geglückte Beseitigung Stalins, die geglückte Beseitigung Hitlers nicht Millionen Menschen das Leben gerettet und ihnen unvorstellbares Leid erspart? Wäre das die moralische Legitimation für den Tyrannenmord?

Im Jahre 2003 ist, mit einem Vorwort des einstigen deutschen Bundespräsidenten Walter Scheel, das Buch eines ehemaligen Oberst der Wehrmacht erschienen, eines Freundes des Hitler-Attentäters Graf von Stauffenberg. Er schreibt: «Das Attentat vom 20. Juli 1944 bewegt noch Jahrzehnte nach Kriegsende die Gemüter. Dabei ist alles, was dazu gesagt werden muss, in zwei gesicherten Zahlen zusammengefasst. Vom 1. September 1939 bis zum 20. Juli 1944 hatte das Deutsche Reich (wohlgemerkt, allein das deutsche Volk!) 2 825 000 Kriegstote zu beklagen: ein Tagesdurchschnitt von 1 588 Personen. In den letzten Kriegstagen vom 21. Juli 1944 bis zum 8. Mai 1945 jedoch kamen 4 826 000 Getötete hinzu, womit der Tagesdurchschnitt in dieser Zeit auf 16 641 Menschen hochschnellte. Wer auch immer versuchte, dem ein Ende zu setzen – er war im Recht.»

Diese Algebra des Entsetzens klingt unwiderlegbar; zumal sie die in den letzten Kriegsmonaten in den Konzentrationslagern und in den Städten getöteten Menschen anderer Nationen noch gar nicht berücksichtigt. Bei Kriegsende waren 50 Millionen Menschen, Soldaten und Zivilisten, dem von Nazi-Deutschland angezettelten Weltkrieg zum Opfer gefallen. Nur, was macht uns so sicher, dass ein Nazi-Deutschland ohne Hitler mit dem Morden wirklich aufgehört hätte? Auch wenn Hitler das Attentat nicht überlebt hätte, wäre der Erfolg des Staatsstreichs keineswegs sicher gewesen. Vielleicht hätte ein Triumvirat aus Goebbels, Göring, Himmler die Macht übernommen? Womöglich hätten sie Frieden mit dem Westen zu schließen versucht. Aber mit der Sowjetunion, die bald 20 Millionen Menschenleben zu beklagen hatte? Und ohne die Sowjetunion hätten auch die westlichen Alliierten in einen Frieden nicht einwilligen können. Moralisch zwar gerechtfertigt, beruhte das Szenario des Hitler-Attentats auf der Hoffnung, dass hernach alles besser würde.

Wie oft sahen sich die Menschen in diesem Punkt getäuscht: Die Französische Revolution hat den verhassten König beseitigt, den Adel entmachtet und die Jakobiner an die Macht gebracht. Sie erwiesen sich als nicht weniger blutrünstig denn ihre Feinde. Sie wichen schließlich Napoleon, der sich zum Kaiser krönen ließ und schlimmer aufführte als alle seine Vorgänger zusammen. Sogar für den hunderttausendfachen Tod der eigenen Soldaten hatte er nur ein kaltes Lächeln übrig.

Manchmal sterben die Tyrannen auch von allein. Der Botschafter Frankreichs in Moskau hat mir einmal erzählt, was im Augenblick von Stalins Tod in seiner unmittelbaren Umgebung geschah, in einem gespenstischen Augenblick: Es habe eine kolossale Stille geherrscht mit all diesen Molotows im Zimmer. Sie hätten sich angeschaut, nicht gewusst, in welche Richtung sie gehen sollten. Da sei der Geheimdienstchef Berija ins Zimmer gekommen und habe die Schweigenden angelärmt: «Was ist los, Genossen? Sie bringen mich zum Lachen. Er ist tot, dieses Schwein, endlich tot. Aber Sie benehmen sich so, als ob das Schwein noch lebt.» Plötzlich habe Stalin noch einmal die Augen geöffnet und geflüstert: «Berija, du bist auch gekommen.» Die Versammelten hätten in ihre Gesichter gesehen und gewusst, was nun zu tun sei: nämlich Berija zu töten. Obwohl er selber ein Verbrecher war, hatte er den Mut besessen zu sagen, was alle dachten, aber nicht zu sagen wagten. Doch selbst dazu seien sie zu feige gewesen. Sie hatten unter Stalin ja nichts als Angst und Feigheit gelernt. Nun aber war plötzlich keiner mehr da, der ihnen ihre Befehle gab. Berija war ein Mann aus dem politischen Parkett in Stalins Reich. So

wie Reinhard Heydrich ein Mann aus dem politischen Parkett in Hitlers Reich war. Als er 1942 in Prag von einem Widerstandskämpfer ausgeschaltet wurde, hat das die Leiden der Prager Bevölkerung nur noch vergrößert. Jede Stunde erschossen Heydrichs Vasallen wahllos zehn Tschechen.
Fritz Lang hat nach einem Drehbuch von Bertolt Brecht einen Film über das Attentat von Prag gedreht: «Hangmen also die» – «Auch Henker müssen sterben». Das ist glücklicherweise wahr. Aber woher nehmen sich die USA das Recht, dabei von außen mitzuhelfen, wie im Irak? Es ist ein großer Unterschied, ob der Tyrann von der eigenen Opposition beseitigt wird, wie Mussolini in Italien oder Ceauşescu in Rumänien, oder ob ich ihn mir als Ausländer vorknöpfe, nur weil mir sein Regierungssystem nicht gefällt. Es gibt Stimmen, die nicht müde werden, Saddam Hussein mit Adolf Hitler auf eine Stufe zu stellen. Welch eine Verniedlichung der Schreckensherrschaft des «Führers» und seines Weltbrands. Während Hitler die Länder angegriffen hat, die sich dann gegen ihn wehrten, ist Ähnliches von Saddam Hussein nur in einem Falle bekannt: in seinem blutigen Feldzug gegen den Iran. Und den hat er mit amerikanischen Waffen, amerikanischem Geld, amerikanischem Segen geführt. Ich bin also nicht dagegen, dass man einem Tyrannen wie Saddam Hussein den Garaus macht, auch dann nicht, wenn es sein Leben kosten sollte. Aber das hätte unter Wahrung des internationalen Rechts zu geschehen und nicht nach der wechselnden Laune des zufällig Stärkeren. Und nur ein bis zur Blauäugigkeit naiver Mensch kann annehmen, dass der Bush-Krieg gegen den Irak im Namen der Demokratie geführt worden wäre. Haben wir – und das ist nur ein schlimmes Beispiel – das Engagement der CIA und des damaligen Außenministers Henry Kissinger 1973 in Chile vergessen? Sie haben den demokratisch

gewählten Präsidenten und Humanisten Salvador Allende zu töten geholfen und ihn durch den Diktator und Militaristen Augusto Pinochet ersetzt. Nach dem Vorbild der sowjetischen Invasion 1968 in der Tschechoslowakei, mit welcher der Humanist Alexander Dubček gestürzt und der Prager Frühling erstickt wurde. Das «Verbrechen» Salvador Allendes ist gewesen, in Chile eine bis dahin nicht gekannte Freiheit zuzulassen und die Not leidenden Kinder seines Landes mit täglich einem Liter Milch zu versorgen. Der Terrorismus, der im furchtbaren 11. September kulminierte, ist ein Krieg der Armen gegen die Reichen. Der Krieg ist ein Terrorismus der Reichen gegen die Armen.

Das Jahrhundert des internationalen Rechts?

Viele Menschen sind der Meinung, das 21. Jahrhundert werde auf der einen Seite, sozusagen auf der verbrecherischen, das Jahrhundert des Terrorismus und auf der anderen Seite das Jahrhundert des internationalen Rechts sein. Was 1947, 1948 in Nürnberg geschah, war – jedenfalls in der Moderne – etwas völlig Neues: Die Sieger sprachen Recht über die Besiegten. Nach dieser kurzen Episode verschwand das internationale Recht wieder. Und jetzt plötzlich scheint es zurückzukehren. Die Politiker beginnen sich über ein internationales Recht der demokratischen Staaten zu einigen. Mit solchen Organisationen fing es schon früher an, gegen Ende des 19. Jahrhunderts mit dem Roten Kreuz. Henri Dunant, der übrigens von den Schweizern sehr schlecht bezahlt wurde, ging in Norditalien spazieren, und auf einmal geriet er mitten in eine Schlacht. Mit eigenen Augen sah er, wie scheußlich das ist, all die toten Menschen, die toten

Pferde, all das Chaos, der Schmutz und Dreck. Da hat er gedacht, dass es wirklich gut wäre, wenn es eine internationale Organisation gäbe, die keine Regierung der Welt unterbinden kann, weil sie eine internationale Hilfseinrichtung ist. Heute ist das von allen akzeptiert, Leute vom Roten Kreuz gehen in die Gefängnisse, nach Guantanamo und ich weiß nicht, wohin. Und man spürt, wie das Interesse der Menschen immer globaler wird.
Deshalb beschäftigen sich jetzt auch viele mit dem Internationalen Gerichtshof. Es war ganz erstaunlich: Die große Mehrheit der Staaten hat dafür gestimmt. Nur wenige waren dagegen, darunter China, der Irak – und Amerika. Manche unentschlossene Länder haben sich überzeugen lassen, etwa Russland, aber die Amerikaner – sie handeln immer noch dagegen. Sie wollen sich nicht reinreden lassen. Deshalb haben sie vor Jahren auch ihr Veto gegen eine Wiederwahl Boutros Ghalis als UNO-Generalsekretär eingelegt. Sie waren gegen eine zweite Amtszeit, sie wollten lieber Kofi Annan. Der sah so milde aus, so harmlos, fast wie ein frommes Lamm. Nun wissen sie, dass nicht jeder, der so aussieht, auch so ist.

Beruf Weltbürger

Wenn ich meine Nationalität frei wählen könnte, würden es die Vereinten Nationen sein, da fühle ich mich zu Hause. Obwohl ich Weltföderalist bin, glaube ich, dass eine Weltregierung utopisch ist, das wird nie funktionieren, da gibt es zu viele Meinungen. Doch eine föderale Organisation wird möglich sein. Es ist ein weiter Weg bis zum Ende der Nationalstaaten. Man sieht ja die Schwierigkeiten in

Deutschland, und natürlich in Europa, all die Konsultationen zwischen den Staaten. Aber es kommt etwas in Bewegung, und es gibt Gegenden in Europa, wo die Menschen auf beiden Seiten der Grenze mehr gemeinsame Interessen haben als mit ihrem jeweiligen Mutterland: die Saarländer mit den Franzosen zum Beispiel. Es gibt auch die tragischen Fälle wie Basken und Kurden, die über zwei, drei Grenzen verteilt sind und keine Möglichkeit zum Atmen haben. Ich hoffe, dass sich solche Probleme durch mehr Autonomie allmählich lösen.

Unsere Politiker unterschätzen die anderen Menschen oft. Sie denken, viele seien unfähig zur Demokratie, unreif, die Menschenrechte zu achten. Man sollte nicht so eingebildet sein und glauben, alles komme von uns, Demokratie komme aus Griechenland und so weiter. Das ist ein bisschen westlich arrogant. Man sagt, dass die Sowjetunion keine Demokratie war. Das ist ganz richtig, aber jedes Dorf hatte seinen Rat. Die Tendenz, demokratisch zu sein, ist tief im Volk verwurzelt und war immer da. Die Menschenrechte sind eine wichtige Errungenschaft. Aber ich glaube, jemand, der sie nicht kennt, kann sie trotzdem befolgen. In der römischen Zeit gab es sicher sehr gefühlvolle Leute, die diese ewigen Kreuzigungen nicht mochten, überall auf den Straßen gab es sie, zu Tausenden. Oft sind es gerade die einfachen Leute, die den Instinkt für das Richtige haben. Und mancher, der all die Begriffe kennt, all die Theorien, hat trotzdem diskriminierende Vorurteile. Dazu eine meiner Lieblingsgeschichten: Ein amerikanischer Professor feiert mit seinem Schüler, einem Schwarzen, der gerade ein fabelhaftes Diplom abgelegt hat, viel besser als alle Weißen. Der alte Professor sagt wohlmeinend: «I never thought of you as a black man.» – «Ich habe dich auch nie für einen Schwarzen gehalten.» Unglaublich!

«Denken Sie einfach!»

Toleranz kann man nicht exportieren, man braucht es auch nicht, glaube ich. Manchmal klingt es, als hätten wir da etwas erfunden, was die anderen nicht haben. Die Buddhisten zumindest haben es. Ihre Stärke ist, dass der Buddhismus keine wirkliche Religion ist, er ist eine Methode zu *denken*. Ja, Buddha wird verehrt, aber seine Gläubigen praktizieren trotzdem eine andere Religion als im westlichen Sinne. Die Priester sind anders, viel zurückhaltender, und es gibt nicht so gefürchtete Regeln wie bei uns. Das macht den Buddhismus so attraktiv für die Leute hier, sie fühlen sich unwohl in dem westlichen Korsett. Manch selbstbewusster Mensch geht lieber zu einer Religion, die ihm nicht so viele Vorschriften macht. Ein fabelhaftes Beispiel für einen vorurteilslosen Menschen ist der Dalai Lama. Er sagt: «Ich will niemanden konvertieren, bleiben Sie ruhig bei Ihrer Religion, *denken* Sie einfach nur.» Ähnlich liberal sind auch die Aleviten in der Türkei.

Haben Kinder Vorurteile?

Ich habe immer gesagt, Kinder werden ohne Vorurteile geboren, sie haben keine Vorurteile, die man bis zur Geburt zurückverfolgen könnte. Das kommt erst später mit der Schule, der Erziehung und der Religion. Als ich Kind war, lernte man in der Schule nur die englische Historie und sehr wenig über andere Geschichte. In englischen Schulen wusste man gar nichts vom Dreißigjährigen Krieg, von Wallenstein und so weiter. Wir lernten die Daten von Schlachten, aber nicht, warum diese Schlachten geführt wurden.

Die Engländer haben die Holländer besiegt, warum? Da bekam man zur Antwort: Die Prinzessin Anna von Kleve war mit Heinrich VIII. verheiratet, die Ehe ist gescheitert, und dann war Krieg. In meiner Schulzeit gab es einen sehr netten Jungen, der hieß Salomon. Seine Mutter suchte immer Freunde für ihn. Sie war eine freundliche Frau, aber sie fragte ständig alle Nachbarn: Ist ihr Sohn frei, am Montag vielleicht? Ich verstand nie, warum sie ihn nicht auch einmal allein ließ, allein war er ganz normal, ohne Komplexe. Doch sie hat ihm diese Angst vermittelt, er könne keine Freunde finden, weil er jüdisch war. So etwas tun auch heute noch viele Eltern.

Ich bin überzeugt, dass Kinder vorurteilslos sind. Aber ich sehe auch, dass Kinder grausam sein können, sich in der Gruppe zusammentun und andere Kinder verstoßen. Und man weiß ja, dass besonders kleine Kinder «fremdeln», also sich vor Fremden fürchten. Ich weiß nicht, vielleicht ist das ein Fehler der Evolution, und wir müssen zunächst alle durch dieses raue Stück Meer rudern, bevor wir zu etwas zivilisierteren Ufern kommen. Der berühmte englische Schriftsteller William Golding zeigt in seinem Roman «Der Herr der Fliegen» das Kind als einen im Grunde sehr schlechten Menschen, ganz im Gegensatz zu den großen Pädagogen der Aufklärung, wie Rousseau oder Pestalozzi. Würde ich so denken wie William Golding, wäre ich bestimmt nicht seit fünfunddreißig Jahren UNICEF-Botschafter. Ich würde allerdings auch nicht behaupten, wie Rousseau, dass alle Menschen von Natur aus gut sind. Richtig müsste es wohl heißen: Alle Menschen haben die *Möglichkeit*, gut zu sein. Es ist eine Sache der Wahl, der persönlichen Entscheidung. Wir müssen akzeptieren, dass jeder Mensch auch eine Nachtseite hat, eine verborgene dunkle Seite. Die entscheidende Frage ist, ob sie das Über-

gewicht bekommt. Hätte Hitler sich damit begnügt, den Bau des Volkswagens zu fördern, wäre er heute vielleicht als zweitgrößter Autopionier nach Henry Ford berühmt. Leider hat er eine andere Wahl getroffen, andere Ambitionen gehabt. Vielleicht wollte er einfach nicht Zweiter sein.
Kinder haben noch einen sehr weiten Horizont, sie halten vieles für möglich. In der Mitte des Lebens rückt dann der Horizont näher. Wenn die Leute hart arbeiten müssen, können sie nicht weit blicken, oder sie wollen es nicht. Mit den Alten ist es wieder ähnlich wie mit den Kindern: Sie haben genügend Zeit für Phantasie. Kinder spielen mit Ideen, und ein älterer Mensch tut das auch wieder, nachdem er es eine Zeit lang verlernen musste, um Karriere zu machen. Wahrscheinlich existiert auch deshalb oft eine so enge Beziehung zwischen Großeltern und Enkelkindern, nicht nur weil die Großeltern den Enkeln heimlich Schokolade zustecken.
In allen Kindern verbirgt sich eine Sehnsucht nach Anerkennung, sie möchten nicht verlassen sein. Anerkennungswünsche sind ein menschliches Gefühl. Man möchte anerkannt werden von den anderen, aber wenn man dann aus der Gruppe ausgeschlossen wird, wachsen natürlich auch Vorurteile bei dem Opfer, nicht nur bei den Tätern. Erst war das Kind vorurteilsfrei, aber aufgrund seiner schlechten Erfahrungen kommen jetzt die Vorurteile aus der Angst. Wenn es nur kindliche Ängste sind, bleiben sie vielleicht nicht ein Leben lang.
Kinder verstehen mehr, als ihre Eltern ahnen. Sie sind wie Affen, sie machen nach, sie verstehen, indem sie imitieren. Ihre ganze Intelligenz ist aufgebaut auf das, was sie zuerst von ihrer Familie, von der Religion und von der Schule lernen. Dann muss das Kind wissen, wenn es erwachsen ist und die Möglichkeit hat, auf dem Instrument der Freiheit zu spielen, dass es nicht gehorchen darf. Natürlich hat man

oft auch noch im Alter das eingeatmete Vorbild der Eltern in sich. Ich habe beim Rasieren das Bild meines Vaters vor mir, der sich so rasierte wie ich jetzt, altmodisch, alles zu einer Seite, mit schiefem Mund. Man kann diesen Reflex wie Samt genießen oder wie ein Kettenhemd ertragen.

Kokain

Kein Mensch setzt Vorurteile über andere Menschen in die Welt, die diese mit einem Lächeln widerlegen könnten. Also keinem Franzosen fiele es ein zu behaupten, alle Deutschen seien Zwerge. Schon der nächstbeste Kölner, ihm reichte eine Körpergröße von 1,60 Meter, würde das Vorurteil in Paris aus den Angeln heben. Kein Deutscher sagte über die Franzosen, sie würden alle hinken. Der Unsinn hätte die Haltbarkeit von nicht einmal einer Minute. Vorurteile fischen im Trüben. Sie verbreiten nichts, was auf der Stelle Kopfschütteln erregte. Sie legen sich mit nichts an, was blitzschnell nachprüfbar wäre. Sie scheuen die Objektivität wie Motten das Licht. So kamen die Nazis nicht etwa auf die Idee, den Juden kalte Augen nachzusagen. Für diese Behauptung wäre kein vernünftiger Mensch empfänglich gewesen. Ja, nicht einmal den nach Vorurteilen schnappenden Spießer hätte der offenkundige Unsinn überzeugt. Denn schon an der nächsten Straßenecke hätte er Juden mit freundlichen Gesichtern getroffen und der Propaganda nicht mehr getraut. Da sie schlaue Teufel waren, brüllten die Nazis den Juden entgegen, sie seien geizig, raffgierig und verschlagen. So fabrizierten sie das reine Ressentiment, das blanke Vorurteil. Wenn nun ein klarer, human gesinnter Kopf entgegnete, ihm seien durchaus nicht geizige, nicht raffgierige, nicht verschlagene Juden bekannt, dann hatte die Propaganda leichtes Spiel. Jedenfalls bei schlichten oder angstvollen Gemütern. Dann nämlich konnte sie mit einem zweiten Vorurteil das infrage gestellte erste bestätigen: Wenn du einem nicht verschlagenen Juden begegnest, hast du einen besonders gerissenen vor dir, einen, der sich verstellt, der nur so tut, als sei er ein friedlicher Zeitgenosse. Wie bei den Hexenprozessen des Mittelalters hatten die Angeklagten gegen diese perfiden Vorurteile der Braunen keine Chance. Wie immer sie sich zur Wehr setzten, ob sie gestanden oder leugneten, sie waren im Bund mit dem Satan und daher der Folter, des Scheiterhaufens und des Konzentrationslagers sicher. Die so unter das Volk geschmuggelten Vorurteile machten die Opposition gegen die Lüge schwer. Wer den Widerspruch dennoch riskierte, den konnten die Lügner, indem sie an der Schraube des Vorurteils weiterdrehten, seinerseits als verschlagenen Lumpen verdächtigen. Denn beweisen, beweisen konnte der gut gesinnte «Arier» nicht, dass der freundliche Jude, den er seit Jahren als liebevollen Arzt seiner Kinder schätzte, sich nicht verstellte – und die Verbrechen nicht im Schilde führte, derer ihn die Propaganda verdächtigte. Die Verdächtigung: Sie ist das Öl, in dem das Vorurteil brutzelt. Ein Vorurteil gegen Menschen, das ist der pure Verdacht, der sich als reine Wahrheit aufspielt. Wie Kokain ist es ein erst verlockendes, dann aber gefährliches Gift. Nur anders als bei der weißen Droge gefährlich nicht für den, der es zu sich nimmt, sondern besonders für dessen Nachbarn.

Staunen und Erschrecken

Zu Beginn des Buches habe ich die Meinung vertreten, dass staunen zu können nicht nur ein Zeichen von Jugend sei, sondern – egal, in welchem Alter – auch ein Medikament gegen Vorurteile. Nun soll sich der Kreis schließen, indem ich die andere Seite der Medaille beleuchte: Es wäre ebenso gesund, wenn wir manchmal erschrecken würden. Nicht nur über das himmelschreiende Unrecht in der Welt. Erschrecken über uns selbst, über eigene Fehler. Nicht entmutigt «zu Tode erschrecken», wie es in der Redewendung heißt, sondern ermutigt zu neuem Leben. Ich spreche von Erschrecken-Können, also von einem Talent. Wenn uns Freunde oder wohlwollende Leute auf Eigenschaften hinweisen, mit denen wir andere verletzen, vielleicht unwissentlich und ohne Absicht verletzen, dann sollten wir uns nicht in unseren Panzer zurückziehen, nicht jede Kritik an uns als Vorwurf auffassen und empört zurückweisen. Viel souveräner und für alle Beteiligten angenehmer wäre es doch, die Kritik als belebend zu empfinden. Es wäre womöglich ein Gewinn, sie abzuschmecken. Nicht alles schmeckt wie Schokolade. Das Vorurteil hingegen verbündet sich mit der Rechthaberei. Sie ist der Anzug, das Kleid, in dem das Vorurteil auftritt. Diese Garderobe sollten wir den eingebildeten Führernaturen überlassen. Im Klima des Recht-haben-Wollens gilt die Kritik als unser Feind. Dabei könnte sie ein guter Freund sein.

Von den meisten Politikern können wir in dieser Hinsicht wohl nicht viel lernen. Sie sind es ja gerade, die auf beinahe jede Kritik gebetsmühlenartig antworten: Nein, davon kann keine Rede sein. Nein, wir weisen die Vorwürfe entschieden zurück. So sprechen keine wirklich freien Menschen, so sprechen Gefangene, deren Gefängnis die Diplomatie und die Parteiräson sind. Anstatt individuellen Mut zu belohnen, bestrafen sie ihn in der Regel mit Karrierebremsen. Ich erhielt einmal einen Telefonanruf aus den Vereinigten Staaten. Der freundliche Anrufer bot mir ein hübsches Sümmchen für einen Vortrag. Nur das Thema nannte er mir nicht. Ich fragte nach, und er lud mich ein, über Führerschaft zu sprechen: «We want you talking about leadership.» Trotz des reizvollen Salärs musste ich ihm einen Korb geben: «Sie sind leider an der falschen Adresse. Mit dominanten Persönlichkeiten kenne ich mich nicht aus. Mein Vortrag würde höchstens eine Minute dauern.»

In Bertolt Brechts Gedicht «Fragen eines lesenden Arbeiters» heißt es: «Wer baute das siebentorige Theben? In den Büchern stehen die Namen von Königen. Haben die Könige die Felsbrocken herbeigeschleppt? Cäsar schlug die Gallier. Hatte er nicht wenigstens einen Koch bei sich?» Aus diesen berühmten Gedichtzeilen lässt sich auch für unser Thema Honig saugen. Denn die Vorurteile der Mächtigen können nur Schaden anrichten, wenn sie sich als Vorurteile in den Köpfen der Masse wiederholen. Vom elektrischen Licht über das Telefon bis zur schmerzfreien Zahnbehandlung haben die Menschen segensreiche Erfindungen in ihre Welt gesetzt. Aber noch erfindungsreicher waren sie bei der Entwicklung von Waffen, Folterwerkzeugen und anderen Instrumenten der Demütigung. Sind sie dabei erschrocken? Nein, das sind sie wohl nicht. Der bereits erwähnte Richter in dem Roman von Charles Dickens, der ein zwölfjähriges Mädchen, das ein Stück Brot gestohlen hatte, weil es sonst verhungert wäre, aufhängen ließ oder in die Kolonien nach Australien verbannte, dieser Richter hat sich nach seinem Urteilsspruch vermutlich ungerührt an seinen reich gedeckten Tisch gesetzt. So wie die Kommandanten der Vernichtungslager, die jüdische Kinder eben ins Gas geschickt hatten, mit den eigenen Kindern unter dem Weihnachtsbaum anschließend «Stille Nacht» sangen. Ich habe mich immer gefragt: Worüber haben sich wohl die Arbeiter unterhalten, während sie die Gaskammern bauten? Worüber haben sie sich beim Pausenbrot unterhalten?

Toleranz oder
Der andere, das könntest du sein

Meine Lebenserfahrung sagt mir, dass der Hass auf andere Menschen Selbsthass ist, getarnter Selbsthass. Wer andere verachtet, kann sich selbst nicht mögen. Gegen die Verachtung wurde uns die Toleranz gepredigt, und in vielen Jahrhunderten, in denen sie alles andere als selbstverständlich war, hätte sie das Leben zwischen fremden Kulturen erträglicher gemacht. Doch ist sie wirklich die Lösung der weltweiten Probleme, die Toleranz? Obwohl ich pragmatisch bleiben will: Ich glaube, sie reicht nicht ganz. Denn Toleranz heißt: Duldung. Die Toleranz, so human sie ist, fordert uns auf, den anderen zu dulden. Mir ist das etwas zu wenig. Ich gehe mit Zeitgenossen wie dem wunderbaren Journalisten Georg Stefan Troller. Er wurde gefragt, warum er so viele Filme über Behinderte gedreht habe und über Strafgefangene. Er gab zur Antwort: «Weil wir alle irgendwie behindert sind. Durch den Krieg, durch die Eltern, durch enttäuschte Liebe.» Und über die Gefangenen: «Es kommt darauf an, dass die Zuschauer sogar bei einem ihm fremden, anfangs ganz unsympathischen Menschen sagen: ‹Das bin ja ich.›» Nicht also nur auf die Toleranz des mir Fremden, auf den Respekt vor ihm kommt es mir an. Denn der oder die andere, der oder die mir da auf der

Straße im Rollstuhl oder in einem fernen Land begegnet: Der oder die andere könnte ich selber sein. Nur ein Zufall, nichts als ein Zufall hat es anders gewollt.

Hoffnung

Meinen Freunden und mir ist es mit Hilfe vieler gleich gesinnter Menschen gelungen, bereits an drei europäischen Universitäten Stiftungslehrstühle zur Vorurteilserforschung einzurichten: im englischen Durham, in Budapest und in Wien. Bei den Professoren, die sie innehaben, können die Studenten die Geschichte des Vorurteils studieren, so wie sie in ein Romanistik- oder Physikseminar gehen. Buchstäblich am letzten Tag vor Drucklegung dieses Buches hatte ich das große Glück, für die Wiener Lehrvertretung den Sozialphilosophen, Psychoanalytiker und renommierten Autor Horst-Eberhard Richter gewinnen zu können. Professor Richter hat sein ganzes Leben in den Dienst des Friedens gestellt und wird seine Seminare im Sommer 2004 vermutlich mit den «Kreuzzügen» beginnen.
Ich wünsche mir, dass diesen Lehrstühlen in anderen Städten weitere folgen werden. Vorwiegend dafür arbeitete ich im Alter. Mehr als die meisten anderen Künste, in denen ich mich in meinem Leben versucht habe, sollen sie mein Vermächtnis sein. Vielleicht wird es das Fach «Vorurteile» dann eines Tages auch an den Schulen geben: so wie Mathematik, Sprachen und Sport.

Achtung!

Wer dennoch von kleineren Vorurteilen, den Kavaliersdelikten, nicht lassen kann, der sollte auf der Hut sein und sie nicht zu laut vorbringen: Winston Churchill trabte noch im hohen Alter ins Parlament. Eines Tages erschien er mitten in einer Debatte über den Wohnungsbau für die Armen. Vier Getreue stützten ihn, es verging viel Zeit, bis er endlich seinen Platz eingenommen hatte. Da zerrissen sich zwei Hinterbänkler die Mäuler: «Man sagt, er trinke nur noch Brandy.» – «Man sagt, er rauche immer dickere Zigarren.» – «Man sagt, er sei auch im Oberstübchen nicht mehr ganz klar.» Da drehte sich Churchill um und schnarrte die Abgeordneten an: «Man sagt auch, er höre schlecht.»

Helfen im Sinne von Peter Ustinov

Die Peter Ustinov Stiftung hat es sich zum Ziel gesetzt, Menschen zu helfen, die sich aus eigener Kraft nicht selbst helfen können. Aufgabe der Stiftung ist es, Sir Peter Ustinovs humanitäres Vermächtnis und jahrzehntelanges Engagement fortzusetzen.

Die Peter Ustinov Stiftung fördert deshalb Hilfs-Projekte, die dazu beitragen, Vorurteile abzubauen und Kindern in Not Wege in ein besseres Leben zu ebnen. Bitte unterstützen Sie diesen Einsatz – mit Ihrer Spende.

Peter Ustinov Stiftung
Garather Schloßallee 19
D-40595 Düsseldorf

Tel: ++49(0)2 11/9 708-130
Fax: ++49(0)2 11/97 08-131

info@ustinov-foundation.org
www.peter-ustinov-stiftung.de

Spendenkonto-Nr.: 901 801 301
Bankleitzahl 250 100 30
Deutsche Postbank AG

Elke Heidenreich

«Literatur hat mich Toleranz und Gelassenheit gelehrt.»

Erika oder *Der verborgene Sinn des Lebens*
3-499-23513-7

Kein schöner Land
Ein Deutschlandlied in sechs Sätzen. 3-499-23535-8

Der Welt den Rücken
Geschichten. 3-499-13470-5 und 3-499-33204-3 (Großdruck)

Kolonien der Liebe
Erzählungen. 3-499-13470-5 und 3-499-33202-7 (Großdruck)
Neun ironische, zärtliche, melancholische Geschichten über die Liebe in unserer Zeit.

Wörter aus 30 Jahren
30 Jahre Bücher, Menschen und Ereignisse. 3-499-13043-2 und 3-499-33209-4 (Großdruck)
Mit ansteckender, nie nachlassender Begeisterung und Leidenschaft schreibt Elke Heidenreich seit drei Jahrzehnten über die Dinge und Menschen, die sie faszinieren: Literatur, Städte, Reisen, Schriftsteller, Zufallsbekanntschaften und Berühmtheiten.

Best of also ... *Die besten Kolumnen aus «Brigitte»*
Lockere, mit klugem Witz geschriebene und ironisch pointierte Texte über nur scheinbar banale Alltagsthemen.

3-499-23157-3

Weitere Informationen in der Rowohlt Revue oder unter www.rororo.de

rororo großdruck

Fesselnde Lebensgeschichten und Unterhaltung mit Niveau: lesefreundlich in großer Schrift

Maria Frisé
Eine schlesische Kindheit
3-499-33187-X

Hans Gruhl
Liebe auf krummen Beinen
Roman 3-499-33195-0

Elke Heidenreich
Also ... Die besten Kolumnen aus «Brigitte»
3-499-33144-6

James Herriot
Der Doktor und das liebe Vieh
Roman 3-499-33185-3

P. D. James
Eine Seele von Mörder
Roman 3-499-33183-7

Ulla Lachauer
Paradiesstraße
Die Lebenserinnerungen der ostpreußischen Bäuerin Lena Grigoleit 3-499-33143-8

Familie Mann. Ein Lesebuch
Ausgewählt von Barbara Hoffmeister 3-499-33193–4

Petra Oelker
Das Bild der alten Dame
Roman 3-499-33189-6

Rosamunde Pilcher
Sommergeschichten
3-499-33163-2

3-499-33172-1

B 28/1